Louis-Étienne [illegible]

[illegible] Compagnie [illegible]

1831-1897

Louis-Etienne Rabussier

de la Compagnie de Jésus

1831-1897

PARIS
Gabriel BEAUCHESNE, Éditeur
117, Rue de Rennes 117

1913

le relief des evenements exterieurs, lorsque
cette mémoire, si vénérée soit-elle, est
comme entourée d'un voile discret. Cependant, saint Ignace nous le dit, ce qu'il y a
de plus beau dans les saints, c'est ce qui
échappe à nos regards : ce qui se passe entre
Dieu et son élu. Mais si la Providence permet que l'on puisse pénétrer dans les relations intimes d'une âme avec le Dieu de son
cœur; s'il est possible d'entrevoir les fruits
extérieurs d'une existence qui, tout entière,
a été ensevelie et cachée en Dieu, n'y a-t-il
pas là une mine précieuse à exploiter?

Telle nous apparaît la vie du vénéré Père

Rabussier : obscure aux yeux des hommes, tout ordinaire et dénuée de ce qui peut exciter la curiosité du grand nombre, mais riche et féconde aux yeux de Dieu ; lumineuse et très encourageante aussi pour les âmes qui ont le désir de voir et d'estimer les choses un peu comme Dieu les voit et les apprécie lui-même.

L'histoire du Père Rabussier est presque exclusivement l'histoire de son âme ; mais combien pleine d'intérêt, belle et précieuse par les exemples et les enseignements qui y sont renfermés particulièrement pour les âmes appelées à la perfection, à l'union avec Dieu et qui, par vocation, doivent travailler au salut et à la sanctification du prochain. C'est sur le désir des enfants spirituels du Père Rabussier que nous avons entrepris cette modeste esquisse. On pourrait l'intituler : *Un Héros de la vie intérieure*, soit que l'on considère avec quel héroïsme le Père Rabussier s'est sanctifié en sacrifiant tout à cette vie intérieure ; soit que l'on constate l'héroïsme non moins grand qu'il déploya d'une manière si humble et si continuelle pour la répandre et la cultiver dans une grande partie de la France. Combien n'a-t-il pas prié, travaillé, souffert pour initier à cette vie féconde les personnes du monde ; que n'a-t-il pas fait pour la développer dans les maisons religieuses ! Apôtre infatigable de la vie intérieure, il a fondé, malgré toutes ses répugnances et mille difficultés, une famille religieuse dont l'âme est la vie intérieure puisée au livre des *Exercices de saint Ignace*. Il tenta enfin d'introduire ce ferment de sainteté dans la tribu sacerdotale, estimant avec raison que sans la vie intérieure, les œuvres extérieures ne produiraient aucun bien durable.

Dans son apostolat, le Père Rabussier rencontra beaucoup de mécomptes, de contradictions, de croix ; il ne se découragea jamais. Il avait coutume de dire : « Ce qui repose sur la vie intérieure est indestructible. » Il y trouva d'ailleurs les meilleures consolations. De même que les fleurs attirent les abeilles, ainsi le Père Rabussier avait le don d'attirer d'une manière toute céleste les âmes appelées par Dieu à une profonde vie intérieure. Sur ce terrain, il était à son aise et les âmes qui se livraient à sa conduite lui rendaient en docilité les richesses d'expérience et de dévouement qu'il leur prodiguait.

O Père vénéré, daignez me pardonner d'oser soulever le voile de votre humilité pour révéler votre âme, surtout à vos enfants, et en particulier à celles que vous avez réunies en un seul cœur dans la petite famille dont vous êtes le Fondateur. Elles savent qu'elles ne doivent pas prétendre d'elles-mêmes aux grâces et aux dons extraordinaires qui vous furent départis : c'est en imitant humblement vos vertus qu'elles se montreront vos dignes enfants.

Je dédie ce travail à la Très Sainte Vierge à qui vous devez tout ce que vous êtes et que vous avez tant aimée. Je compte sur Elle et sur vous pour le faire agréer du Cœur de Jésus et lui faire porter des fruits *ad majorem Dei gloriam.*

Paris, 8 décembre 1911. En la fête de l'Immaculée Conception de Notre-Dame.

Les sources où nous avons puisé pour écrire cette biographie sont, avant tout, les notes intimes du Père Rabussier. Ces notes sont pour la plupart sténographiées ; elles ont été prises pour lui seul sous le regard de Dieu. On ne s'étonnera donc pas des négligences de style et des obscurités qu'on y rencontre parfois. Elles sont néanmoins par ailleurs extrêmement précises ; quelques-unes sont rétrospectives et nous initient à la vie du Père dès sa petite enfance : on peut le suivre comme pas à pas. Souvent, dans ces notes, il se désigne par ce signe +, ou bien par « Elle, cette personne. » Pour plus de clarté, nous avons adopté le style direct lorsque nous lui laissons la parole ; il nous est arrivé aussi de mettre entre crochets des mots que nous avons cru devoir ajouter ou changer uniquement pour l'intelligence de certaines phrases qui, sans cela, seraient obscures. De plus, nous avons utilisé nos souvenirs personnels, les nombreuses correspondances qui ont été mises à notre disposition, les témoignages rendus à sa mémoire par les personnes qui l'ont connu ou ont obtenu quelque faveur par son intercession.

Grâce à ces divers documents, nous avons conscience d'avoir rendu aussi exactement que possible la physionomie spirituelle de

notre vénéré Père ; nous regrettons seulement de n'avoir pu exploiter toutes ses notes ;
elles sont tellement abondantes qu'on pourrait en faire un in-folio.

CHAPITRE PREMIER

Premières années. Petit Séminaire.

Le 12 Décembre 1831, à 2 heures de l'après-midi, naissait à Herblay, petite commune du canton d'Argenteuil (Seine-et-Oise), d'une modeste et honorable famille, Louis-Etienne Rabussier.

Son père, Louis-Michel Rabussier, était un ancien soldat ; il avait fait la campagne de Russie où il fut blessé. A son retour, il épousa une première femme ; il la perdit bientôt. Elle lui laissait une fille qui mourut prématurément. Louis-Michel épousa alors en secondes noces Marie-Thérèse-Elisabeth Mouvault dont il eut trois enfants : Louise, qui mourut à Amiens en 1873 Fille de la Charité ;

une autre fille qui ne vécut pas et Louis, l'enfant de bénédiction dont nous voudrions faire revivre la mémoire.

Il fut baptisé le 26 décembre 1831 dans la paroisse Saint-Martin d'Herblay. Le parrain fut Laurent-Etienne Mouvault et la marraine Antoinette-Augustine Rabussier, cousin et cousine de l'enfant.

L'église et un vaste enclos voisin étaient autrefois un Prieuré bénédictin dépendant de l'Abbaye de Saint-Denis. Vers la fin du XVIIIe siècle, le second autel principal avait été consacré en l'honneur des Saints Cœurs de Jésus et de Marie [1]. Louis aimera plus tard à voir dans ce fait une preuve que la paroisse d'Herblay avait échappé, par grande

---

1. Pierre-Honoré Simon, curé d'Herblay, bénit en 1782, avec l'autorisation de l'Archevêque de Paris, un autel situé derrière la chaire et dédié aux Saints Cœurs de Jésus et de Marie. Honoré Simon remplit d'abord ses fonctions avec zèle, talent et édification, mais la Révolution lui tourna la tête et il remit les clés de l'église entre les mains des conseillers municipaux le 13 frimaire, an II. (4 Décembre 1793.)

Les sacrements furent alors administrés par un prêtre nommé Martin envoyé à cet effet par les Vicaires généraux de la Métropole.

En 1794, François Passerat, prêtre de Saint-Lazare, rouvrit l'église. En 1797, la paroisse d'Herblay, qui faisait partie du Doyenné d'Argenteuil, fut définitivement détachée du diocèse de Paris et réunie à celui de Versailles.

exception, à l'influence glaciale du jansé-
nisme [1].

L'église d'Herblay est bâtie sur une petite
éminence, vers le sud-est par rapport au village. De là, se déroule un magnifique pano-
rama : l'œil suit le cours de la Seine, il embrasse toute la forêt de Saint-Germain et un
horizon d'une quinzaine de lieues ; il aperçoit
le mont Valérien, un peu plus loin Montmartre et quelques sommets des édifices de
Paris. A une lieue de là, sur le même plateau,
est situé Conflans-Sainte-Honorine, ancien
Prieuré de l'Abbaye du Bec. On y jouit d'une
vue non moins belle. C'est là que, dans le
courant de l'année 1838, vinrent se fixer les
parents de Louis. Il avait six ans et demi.

La maison de famille des Rabussier était
située sur la place de l'église[2]. La paroisse

1. Il est difficile de le prouver historiquement. Néanmoins,
en parcourant la liste des curés de la paroisse d'Herblay
depuis la Révolution jusqu'à nos jours, on peut se convain-
cre que plusieurs d'entre eux étaient des hommes de science
et de piété.

2. Dans la suite, elle devint le presbytère, M. l'abbé Lefèvre
l'ayant achetée à Mme Rabussier après la mort de son mari.
La chambre de Louis fut dès lors occupée par le Vicaire. En
1881, le Père Rabussier eut la consolation de donner une mission à Conflans et de prier dans cette chambre où il avait
reçu tant de grâces et en particulier le trésor de sa dévotion à la Sainte Vierge. Avec la permission de ses Supérieurs,

de Conflans avait alors pour Curé M. l'abbé Bigas. « C'était un prêtre d'un certain talent, plein d'ardeur et d'initiative, un peu porté vers l'extérieur et pourtant comprenant que la piété fervente, la communion fréquente, les plus saines idées romaines sont l'âme de tout[1]. »

Les parents de Louis ne tardèrent pas à le conduire à M. le Curé pour sa première confession. Il croit avoir eu le bonheur de recevoir l'absolution dès la seconde fois qu'il se confessa. M. le Curé, distinguant en lui une piété et une intelligence précoces, s'offrit dès lors à lui faire commencer l'étude du latin. Louis fut aussi remarqué par la châtelaine de Conflans, la Baronne de Morya. Elle se chargea des frais de son éducation, et vers l'âge de dix ans, il fut mis en pension au Petit Séminaire de Versailles.

il avait fait une fondation pour procurer à la paroisse de Conflans-Sainte-Honorine et à celle d'Herblay le bienfait d'une mission tous les dix ans. Actuellement (1910) la maison de famille du Père Rabussier, quoique sous séquestre comme bien de Fabrique, est encore habitée par le bedeau ; les deux fondations ont été prises par l'Etat au moment de la séparation. (Renseignements fournis par M. le Curé de Conflans-Sainte-Honorine, 1910.)

1. Note du Père Rabussier, 3 Novembre 1881.

Dieu qui avait sur cet enfant des desseins particuliers, le fit échapper à toute influence mauvaise. La Providence disposa si bien les choses que la maison paternelle fut pour lui comme le petit nid dans lequel il vécut environné d'une atmosphère de foi vive, de piété, de pureté.

Sa sœur aînée avait quatorze ans de plus que lui ; elle l'aimait beaucoup et lui servait de seconde mère ; lui-même disait plus tard en souriant que, tout en étant très tendre, elle savait à l'occasion se montrer exigeante. Elle lui faisait réciter tous les jours quelques dizaines de chapelet à genoux et sans appui, dès l'âge de huit ans, devant une grande statue de l'Immaculée Conception et le reprenait de chacune des distractions extérieures dont elle s'apercevait. Elle le conduisait souvent à Notre-Dame des Victoires. Il attribuera plus tard à ces pèlerinages l'influence toute spéciale qu'exerça sur sa vie spirituelle l'amour du Très saint et immaculé Cœur de Marie. Il considéra aussi comme une très grande grâce d'avoir été initié si jeune à la dévotion envers la Très Sainte Vierge. « Je le dois, dit-il, à ma sœur aînée avec laquelle

se sont formés plus tard et surtout à sa mort
des liens d'âme ineffables. De là est venue
cette tendresse délicate et toujours sensible,
même dans les souffrances d'âme, pour
Marie, son chapelet, son saint Nom, son
amour [1]. C'est à partir de huit ans environ
que j'ai commencé à dire chaque jour une
partie du chapelet, puis tout, et je ne me souviens guère d'y avoir manqué un seul jour de
ma vie. Cette seule pensée m'émeut toujours
profondément. Quelle douce amitié qu'une
amitié de toute la vie qui a embaumé les naï-
vetés de l'enfance, conduit les deux grandes
étapes de la vocation [2], toujours un peu consolé les jours les plus sombres de l'exil [3]. »

Quoi de surprenant que, dans une âme
ainsi gardée et docile, les plus précieuses
faveurs du Saint-Esprit aient pu germer prématurément.

« [Ma] première absolution, écrivait-il plus
tard, a eu des effets étonnants; je ne suis
jamais retombé après cette grâce dans cer-

---

1. Note du 2 Avril 1877.
2. De prêtre et de Jésuite.
3. Note rétrospective du 4 Décembre 1881.

tains péchés ordinaires aux enfants [1]. » Parlant du même temps, il notait dans une autre circonstance : « Je me suis trouvé tout à coup plein d'horreur pour tout ce qui aurait pu blesser la belle vertu, pour le mensonge [2]. Bientôt après, je n'ai pas eu moins d'éloignement pour un seul mot dit à l'église et pour toute négligence volontaire dans mes prières [3]. »

Le jour de Pâques, 27 Mars 1842, Louis fit sa Première Communion au Petit Séminaire de Versailles. Nous donnons les principales résolutions qu'il prit à cette occasion. Sous leur forme naïve, elles peignent bien ce qui fera un jour le fond même de sa spiritualité : la dévotion à la Très Sainte Vierge, la vie de prière, l'amour des méthodes de saint Ignace.

« Résolutions prises à ma Première Communion. *Prières.* Comme je veux avancer dans la sagesse, la science et la vertu, je veux aussi en prendre de solides moyens. C'est pourquoi aujourd'hui, veille de ma

1. Note rétrospective du 4 Décembre 1881.
2. Il disait encore dans un sentiment de profonde reconnaissance : « Je n'ai jamais menti avec vue. »
3. Retraite préparatoire aux Vœux, 1853.

Première Communion, je prends la résolution, dans mes prières, de penser que je suis en la présence de Dieu, de réfléchir quelque temps avant de commencer quelque prière que ce soit, et si je ne peux pas, je tâcherai de me dissiper le moins possible[1]. Je tâcherai de ne m'endormir jamais sans faire quelque prière et en particulier à la Sainte Vierge; le samedi, je lirai au moins deux pages de : *Visite à la Sainte Vierge.* »

Viennent ensuite des résolutions précises sur la conduite qu'il se propose de tenir « à l'étude, en classe, au réfectoire, au dortoir... A la chapelle, dit-il, je tâcherai d'éviter le plus possible d'y tourner la tête de côté et d'autre, d'être attentif à rejeter les distractions, de ne pas du tout causer.

« Pour tout le reste, je me conformerai du mieux que je pourrai à la règle du Séminaire.

« Je mets toutes ces résolutions sous la protection des saints Anges dans la Congrégation desquels j'ai le bonheur d'être admis,

---

1. Ne le croirait-on pas déjà initié aux Additions que saint Ignace recommande d'observer avant la prière?

de mes Patrons, de saint Louis de Gonzague, de saint Jean et surtout de la Sainte Vierge ma bonne Mère[1]. »

A partir de sa première rencontre avec Notre-Seigneur, la dévotion à l'Eucharistie ne cessa de se développer dans l'âme de Louis. Il commença à se confesser et à communier tous les huit jours ; bientôt après, il communia deux et trois fois la semaine. Les vacances n'interrompaient pas ses communions et toujours il garda à M. le Curé de Conflans une reconnaissance particulière de ce qu'il lui avait appris à aimer la fréquente communion. Nous l'entendrons dire plus tard qu'il a « toujours vécu de la sainte communion. Je suis en tout l'enfant de Marie et du Tabernacle[2]. »

Il fut confirmé le 31 Mars 1845.

A l'âge de douze ans, Louis fut assailli d'une violente tentation de doute universel ; déjà, depuis quelque temps, il était fortement tenté contre la foi. Durant le cours de ses études, il fut bien étonné de retrouver dans

1. Ces résolutions sont tout entières de Louis et ne lui ont pas été suggérées comme cela arrive quelquefois.
2. Note du 19 Juillet 1877.

Rabussier. 2

un livre toutes les idées de scepticisme, toutes les objections les plus subtiles qui lui fatiguaient alors l'esprit. On peut deviner ce que souffrait cet enfant aux prises avec une telle peine dont, très probablement, il ne s'était ouvert à personne. Il appartenait à la Très Sainte Vierge, à laquelle il devait déjà tant de grâces précieuses, de lui venir en aide. Un samedi soir, tandis qu'il assistait dans la chapelle du Petit Séminaire au chant du *Magnificat*, il se jeta comme désespérément dans les bras de la Sainte Vierge par un acte de suprême confiance en sa bonté toute-puissante. A l'instant même, versant un torrent de larmes, il se sentit délivré et pour toujours[1].

Peu de temps après, de cette même place qui lui resta toujours chère, il vit un beau miracle de l'Eucharistie qu'il aimait dans la suite à raconter en détail.

En voici la relation authentique :

Pierre Renaudt, élève du Petit Séminaire de Versailles, était atteint depuis deux années d'une maladie de cœur déclarée incu-

---

1. Noté durant son Noviciat et pendant sa retraite de 1857.

rable. Malgré les soins les plus assidus, l'état du malade allait toujours en s'aggravant : le 1er Avril, les battements convulsifs du cœur déterminèrent un épanchement au cerveau, d'où résulta une paralysie des nerfs optiques. Il fut décidé que le jeune homme serait transporté à l'hospice de Versailles. Mais le 14, avant de partir, il voulut assister à la Messe afin de communier une dernière fois dans la chapelle du Petit Séminaire.

« Il fut amené à la Messe de communauté, raconte son Supérieur[1], portant sur lui le ruban et la médaille de l'Association du Sacré-Cœur, et on le plaça dans le sanctuaire. Au moment de la Communion, l'infirmier lui donnant le bras, le conduisit à l'autel. Je déposai sur sa langue le corps de Notre-Seigneur Jésus-Christ. Je donnai la Communion à plusieurs personnes et j'achevai la sainte Messe.

« De retour à la sacristie, je vis, avec une surprise et une joie indicibles, le jeune Renaudt descendre les six marches qui joignent

1. Relation adressée à Mgr l'Evêque de Versailles par M. l'abbé Lambert, Supérieur du Petit Séminaire, le 24 Avril 1845.

le sol à celui de la chapelle, puis venir se jeter
dans mes bras et se presser contre mon cœur.
Partageant sa reconnaissance et son admiration, je mêlai mes larmes aux siennes, et
je lui dis : « Qu'avez-vous donc éprouvé,
« cher enfant, et que vous est-il arrivé ?
« Quoi! la lumière vous est rendue ? — Oui,
« me répondit-il : lorsque j'étais à genoux au
« pied de l'autel, en attendant la sainte Com-
« munion, une voix me disait : Crois-tu ?
« Crois-tu ? Et je répondais : Oui, Seigneur,
« je crois que vous pouvez faire un miracle.
« Vous m'avez ôté la vue, vous pouvez me
« la rendre. Dès que la sainte Hostie eut
« touché ma langue, je me suis trouvé
« ébloui : je voyais et je ne voyais rien.
« Comme je restais immobile, l'infirmier me
« poussa légèrement pour m'avertir de me
« lever. Alors, j'aperçus distinctement la
« marche de l'autel. En me retournant, je vis
« un banc vers lequel je me dirigeai, en
« refusant le secours de mon guide. Il y
« avait là plusieurs livres; j'en pris un et je
« l'ouvris pour éprouver jusqu'à quel point
« je voyais clair. C'était une Imitation de
« Jésus-Christ ; les caractères étaient très

« fins. Je passai plusieurs feuillets qui conte-
« naient l'Ordinaire de la Messe et je tombai
« sur ces paroles que je lus distinctement :
« *Qui sequitur me non ambulat in tenebris,*
« *dicit Dominus.* Celui qui me suit ne mar-
« che pas dans les ténèbres. Alors je fermai
« le livre et je me mis à prier. »

On devine la joie et l'enthousiasme des deux cents élèves présents à la Messe... La guérison complète et instantanée ne se démentit jamais, Pierre Renaudt devint prêtre; il mourut en 1875.

La mémoire du miracle fut fidèlement conservée au Petit Séminaire de Versailles. Chaque année, on célèbre à l'anniversaire de l'événement une fête solennelle en laquelle un des témoins du miracle prend la parole. Un an avant sa mort, 14 Avril 1896, le Père Rabussier, alors en résidence à Versailles, fut invité à prononcer le discours d'usage et il en eut une grande consolation. Il disait à cette occasion : « Au moment du miracle, je me trouvais aux premiers bancs de la chapelle, car j'étais dans les petits; aussi j'ai vu parfaitement comment toutes choses se sont passées. »

Au Petit Séminaire, Louis se distingua non seulement par sa piété, mais par ses progrès dans la science : il fut un élève remarquable. «A mesure qu'il montait dans ses classes, il prenait les premiers rangs. En rhétorique, classe par laquelle on terminait alors les études au Petit Séminaire de Versailles, il obtint le premier prix d'excellence, ainsi que les premiers prix d'examen, de discours français, de discours latin, etc. [1]» Il possédait en outre l'Italien et l'Anglais.

Il quitta le Petit Séminaire à la fin de l'année scolaire, Juillet 1849.

1. Renseignements fournis par M. Carron, Supérieur du Petit Séminaire de Versailles, en 1910.

CHAPITRE II

Grand Séminaire.
Vocation religieuse.

————

Louis entra au Grand Séminaire de Versailles le 4 Octobre 1849 ; il y fit sa philosophie et une année de théologie. Ses contemporains ont gardé de lui l'impression d'un « Séminariste modèle. Il était des meilleurs de son cours pour le travail, remarquable surtout pendant la seconde année de son Grand Séminaire par sa sagesse, sa piété, sa fidélité au devoir [1]. »

Il est facile de saisir le travail de la grâce

1. Témoignage de M. le Chanoine Marais, ancien doyen de Montmorency, contemporain du Père Rabussier au Grand Séminaire. (Transmis par M. l'abbé de la Porte, Supérieur au Grand Séminaire de Versailles en 1910.)

dans l'âme de Louis à cette période de sa vie et d'entrevoir l'action providentielle qui l'acheminait vers une vocation plus parfaite.

Pendant son cours de philosophie, il fit généreusement les sacrifices qui devaient marquer ce qu'il appelle sa « seconde conversion[1]. »

Doué d'un cœur extrêmement tendre et délicat, Louis avait noué des relations très intimes avec un excellent jeune homme, son condisciple. Tandis qu'il se livrait sans réserve à cette amitié si pure, si légitime, Notre-Seigneur, jaloux de son amour, en réclama l'intégrité. Sans hésiter, Louis sacrifia les relations dans lesquelles il avait trouvé tant de charme. Il rompit tout à coup et complètement pour être fidèle à un avertissement intérieur qui lui montrait que cette passion innocente aurait dégénéré par degrés et aurait été un obstacle à sa sanctification. « Je remarquais alors, dit-il, que je me détachais de tout le reste[2]. » Puis, instruit de ce que pouvait donner son cœur quand il était gagné à

---

1. D'après lui, il se convertit une première fois après avoir reçu la sainte absolution, à l'âge de sept ans environ.
2. Retraite de Probation, Août 1851.

l'amour, il prit cette résolution gardée inviolablement jusqu'à la mort : « Je ferai pour Notre-Seigneur Jésus-Christ ce que j'aurais fait pour l'ami le plus tendrement aimé[1]. » « Oh ! si l'on connaissait mieux, dira-t-il encore, le prix des grands sacrifices du cœur, surtout dans toute la fleur de la vie, et par amour plus que par la crainte du péché ! Que de grâces sont sorties de là pour moi[2] ! »

Le 1er Janvier 1851, il fit le serment de ne plus vivre que pour aimer et servir Dieu. Pour être plus sûr d'agir conformément à ce serment, « je me regarderai, dit-il, comme obligé : 1° de ne jamais consentir au moindre péché ; 2° de me décider toujours à ce qui me paraîtra mieux ; 3° de vivre le plus possible pour Dieu, par conséquent de ne passer aucun moment où je n'emploie de mon mieux mon corps et mon âme à l'aimer et à le servir[3]. »

Il ne se bornait pas à prendre des résolutions, il les mettait en œuvre et méritait ainsi sa réputation de « séminariste modèle. » Déjà, l'esprit de prière était le grand moyen qu'il

1. Notes du 4 Décembre 1881.
2. Notes du 30 Avril 1877.
3. Notes du Grand Séminaire, 1er Janvier 1851.

employait pour être fidèle à Dieu. « Ce qui do-
minait alors mes méditations et toutes mes
journées, c'était le désir d'aimer Dieu seul, de
me détacher le plus possible de tout. Les tentations étaient remplacées par des sentiments
d'amour de Dieu à cette seule pensée : Dieu
seul, Dieu seul et pour toujours ! C'est surtout
dans l'Eucharistie et la communion que Dieu
m'attirait ainsi à Lui[1]. »

Il faisait au moins toutes les heures un acte
de détachement universel et d'aveu de son
impuissance absolue suivi de la communion
spirituelle qu'il aimait à recevoir des mains
de la Très Sainte Vierge.

Non content d'observer parfaitement le
règlement du Grand Séminaire, il s'était prescrit quelques pratiques spéciales : la retraite
du mois, deux heures de recueillement chaque
semaine pour revoir ses résolutions, le jeûne
du samedi en l'honneur de la Sainte Vierge,
la récitation quotidienne du petit Office de
l'Immaculée Conception. Chaque matin, il se
prosternait du côté de l'église Notre-Dame de
Versailles pour demander la bénédiction de

1. Notes du Grand Séminaire, 1851.

Jésus et de Marie et leur offrir sa journée en qualité d'esclave [1]. Il attribuait en partie à cette dernière pratique la grâce de sa vocation religieuse.

Un nouveau sacrifice devait achever de l'y disposer : ce fut le vœu héroïque en faveur des âmes du Purgatoire. Il le fit, poussé irrésistiblement par une grâce puissante, sans rien qui l'y eût préparé et sans que personne lui en eût parlé [2].

L'heure était venue où Dieu allait l'appeler à la Compagnie de Jésus. « Tout d'un coup, dit-il, je fus absolument décidé sans y avoir jamais pensé auparavant, ni directement, ni indirectement [3]. Cette résolution a toujours persévéré avec autant d'intensité de volonté [4]. Je n'ai jamais pu me rappeler l'origine immédiate de cette idée, ni même l'heure ou le jour précis [5]. »

1. Notes du Grand Séminaire, 1851.
2. Notes de 1855 et de 1870.
3. Note de Juin 1855.
4. Note de la grande Retraite du Troisième An, 30ᵉ jour, Décembre 1866.
5. Note de la grande Retraite du Troisième An, 30ᵉ jour, Décembre 1866.

En 1879, il s'explique de façon plus détaillée sur la manière dont il reçut sa vocation : « Sans qu'on puisse du tout savoir comment ni trouver aucune cause connue, une certitude entière se forme dans l'esprit sur le point en question. Je dis sans aucune cause connue, car on voit bien qu'on n'a pas été amené là le moins du monde en étant préoccupé de cette question, ni même en y pensant volontairement ou non. C'est comme un grain de blé que personne n'aurait semé et qu'on voit tout d'un coup pousser dans son champ. C'est par ce mode de communication que, vers l'âge de dix-huit ans et demi, j'eus ma vocation d'une manière certaine, inébranlable. Comme je ne connaissais pas alors cette grâce et que j'étais porté à trop vouloir voir clair, discuter et analyser, je cherchais souvent à savoir comment cette certitude s'était faite et ne pus jamais découvrir rien qui l'eût amenée, ni même aucune pensée libre qui en eût été la cause ou simplement l'occasion [1]. »

Louis était sous l'influence de ces grâces lorsqu'il fut tonsuré le 14 Juin 1851, après

---

1. Note rétrospective du 11 Octobre 1879.

une fervente retraite. Il quitta le Grand Séminaire à la fin de l'année scolaire.

Il se rendit à Conflans, bien décidé à déclarer sa vocation et à faire une retraite à Saint-Acheul, près Amiens, où se trouvait alors le noviciat de la Compagnie de Jésus.

Ses premières ouvertures furent mal accueillies. M. le Curé de Conflans, qui avait toujours été très bon pour lui tant qu'il ne s'agissait que du sacerdoce, se montra tout à fait hostile à la pensée de le voir entrer dans la Compagnie et loin de faciliter les choses près de M. Rabussier, il les compliqua au contraire comme à plaisir. On peut deviner ce que Louis souffrit en cette occasion ; son âme délicate et reconnaissante était brisée. Cependant, il fit si bien qu'il obtint la permission d'aller faire à Saint-Acheul la retraite désirée. Le 5 Août 1851, fête de Notre-Dame des Neiges, il passa sa première nuit sous le toit de la Compagnie. Il célébra toute sa vie cet anniversaire avec une allégresse et une gratitude particulières.

Aussitôt arrivé à Saint-Acheul, il commença sa retraite de probation. Pendant cette retraite, il dut soumettre sa vocation aux règles

de l'élection de saint Ignace. Son élection
pour la Compagnie de Jésus ayant été agréée
par les Supérieurs, il fut décidé que Louis ne
retournerait pas dans sa famille et il écrivit
à son père pour lui demander son consentement et sa bénédiction. En recevant cette
lettre, le pauvre père répandit un torrent de
larmes mais acquiesça généreusement au
grand sacrifice qui lui était demandé, disant à
sa fille Louise : « Je le sacrifie pour Dieu ;
c'est pour Dieu seul ! »

Ce consentement donné si promptement
était d'autant plus méritoire que M. le Curé
de Conflans ne manqua pas de faire remarquer qu'on aurait pu s'opposer au départ de
Louis, envoyer les gendarmes, etc. Mais
M. Rabussier tint bon. Dieu ne tarda pas à
l'en récompenser. Malgré sa vie honorable
et ses principes profondément chrétiens,
il ne s'approchait pas des sacrements.
Depuis longtemps, sa femme et ses deux
enfants demandaient instamment pour lui une
grâce de conversion. Elle lui fut accordée à
la première visite qu'il fit à Saint-Acheul. Il
se confessa, il communia près de son fils et
revint chez lui rempli de consolation. « Je

suis content maintenant, dit-il à sa femme, je
n'ai plus d'inquiétude pour Louis dans cette
maison : j'ai vu combien ils s'aimaient tous
entre eux[1]. »

1. Note de 1861.

CHAPITRE III

Noviciat. — Juvenat.

Le 6 Septembre 1851, celui que désormais nous appellerons le Frère Rabussier commençait son noviciat sous la direction du R. P. Mallet.

« Son éducation très soignée, nous dit un de ses contemporains, se reflétait dans tout son extérieur : politesse exquise, conversation agréable, gaieté de bon ton, manières distinguées[1]. »

Il apportait à la Compagnie toute la fleur de son innocence, grâce qu'il attribuait en

1. Lettre du R. P. Paul le B***.

partie aux prières de sa sainte mère et de sa sœur et à la vigilance dont elles l'entourèrent.

Dieu permit qu'il fît son noviciat privé de toute consolation spirituelle, sauf quelques éclaircies momentanées venant de sa grande dévotion à la Sainte Vierge et de quelques lueurs de l'esprit de prière.

Extérieurement, d'après le témoignage de ses contemporains, il faisait l'édification du noviciat :

« J'ai eu le bonheur, écrit un de ses frères en religion, de vivre pendant cinq ans avec le R. P. Louis Rabussier. Nous avons fait une année de noviciat ensemble à Saint-Acheul près Amiens. J'étais son ancien d'un an, comme novice. En le quittant en Septembre 1852, je lui ai transmis la charge de Substitut que j'avais eue pendant six mois. (Nous avons au noviciat la fonction d'Admoniteur et du Substitut. Le Frère Admoniteur transmet aux novices les ordres du Père Maître des novices. Le Frère Substitut est surtout chargé du vestiaire.) Au point de vue surnaturel, il était exemplaire, très soigneux des plus petites choses. Nous l'aimions tous et nous tâchions de lui ressembler[1]. »

Le 1ᵉʳ Décembre 1852, le Frère Rabussier fit ses vœux de dévotion perpétuels.

« Aujourd'hui, fête de l'Immaculée Conception de la Sainte Vierge, j'ai eu le bonheur de faire mes vœux de dévotion, non pas pour un temps, comme je les faisais depuis deux mois et demi, mais pour toujours. J'ai éprouvé l'aridité et les distractions jusqu'au moment de la Communion et d'abord pendant toute l'oraison; mais au moment de prononcer la formule, j'ai commencé à sentir une si grande grâce. Je me suis donc lié pour toujours! J'ai voué *perpetuam obedientiam*, et tout cela pour servir enfin sans mesure, *impulsus tibi serviendi desiderio*. Je m'attache éternellement à cette Société de Jésus. J'ai surtout été ému, à cette pensée, en demandant à la Sainte Vierge, à Notre-Seigneur et à Dieu le Père la triple grâce que je désire depuis hier, pour vaincre l'affection contraire, à savoir : 1º d'aller à Dieu par la vie la plus commune qu'il y ait; 2º de ne pas réussir dans

1. Lettre du R. P. Paul le B***, 1ᵉʳ Février 1911.

les moyens que j'emploie pour trouver la ferveur ; 3° d'être reconnu de tous, au moins pour un être nul et à charge ; tout cela sans détriment pour la gloire de Dieu, et afin de mieux ressembler à Notre-Seigneur Jésus-Christ[1]. »

Comment ne pas admirer une telle générosité ! Après un an de noviciat, pour être fidèle à la grâce, il va jusqu'au bout de ce que saint Ignace conseille dans le colloque de la méditation des *Trois Classes* : demander instamment ce qui répugne le plus à la nature ; par ce moyen, il s'élève à la disposition si parfaite du *Troisième Degré d'Humilité*.

Le Père Rabussier observera un jour que cette « grande demande » de son noviciat, telle qu'il la faisait, c'est-à-dire pour toute sa vie, était une « demande terrible », et qu'il ne la conseillerait jamais. Toute la conduite de Dieu sur lui dans la suite montre que le bon esprit était l'auteur de cette demande, car il eut toujours une grâce abondante pour en subir toutes les conséquences. De plus,

---

1. Notes du noviciat, 8 Décembre 1852.

il en fut divinement dédommagé, en particulier dans son apostolat.

Au mois de Juin 1853, le Frère Rabussier fut envoyé, sans doute pour quelque expériment, à Notre-Dame de Liesse, près Laon, où se trouvait alors la maison du Troisième An que dirigeait le R. P. Fouillot[1]. Il y reçut quelques lumières. Le 31 Juillet, fête de saint Ignace, il comprit que la Sainte Vierge se chargeait tout à fait de lui. « J'ai pris la résolution, ajoute-t-il, d'avoir recours en tout à la Sainte Vierge, de m'abandonner à Elle sans réserve[2]... J'ai touché du doigt mon impuissance depuis deux ans[3]... Jamais cependant je n'ai eu un doute sur ma vocation[4]. »

Parmi ses notes du noviciat, nous trouvons encore celle-ci : « [Durant un] Salut du Saint-Sacrement où, ayant la tête rompue, comme cela m'arrivait surtout durant mes premiers six mois, à force de m'embarrasser à chercher la perfection, j'entendis au fond du cœur ce

---

1. Le Troisième An fut transféré de Liesse à Laon en Octobre 1858. Le pèlerinage continua à être desservi par les Pères jusqu'aux décrets d'expulsion, en 1880.
2. Notes du mois d'Août 1853.
3. Notes de 1853.
4. Août 1853.

mot que j'ai été longtemps sans bien comprendre : Mets-toi sous les pieds des autres [1]. »

C'est bien toujours le même appel à l'humilité. Aussi, tout son noviciat peut-il se résumer en un élan douloureux : cette souffrance même était une grâce.

Dans la retraite préparatoire à ses Vœux, le Frère Rabussier déborde d'amour pour Marie : « Je n'ai confiance qu'en vous, ô ma bonne Mère! » Il se livre à la reconnaissance pour les grâces reçues durant son enfance, sa jeunesse; il remercie avec effusion pour sa vocation, se confie enfin en la miséricorde pour être fidèle à sa « grande demande »; il la renouvelle de tout son cœur : « Je ne demande pas des épreuves extraordinaires et si ce n'était la volonté de Dieu, je demanderais plutôt le lait des faibles. Mais pour me conformer de plus en plus à la très sainte volonté de mon Dieu, je répète : Mon Dieu, autant que cela s'accorde avec votre miséricorde infinie et n'ôte rien de votre gloire, je veux combattre intérieurement sans vaincre, chercher sans trouver ; je veux aller à vous

_____

1. Notes sans date du noviciat.

seul par la vie la plus commune et être reconnu de tous pour un sujet très ordinaire et
même à charge dans la Compagnie[1]. »

Il prend les résolutions suivantes : « Je
m'appliquerai de plus en plus à mettre absolument et entièrement ma confiance en la
Sainte Vierge. Avec cela, *in spem contra
spem credidi*[2].

« Je m'appliquerai à imiter Notre-Seigneur,
n'ayant d'autre titre pour arriver à Lui que
ma confiance en la Sainte Vierge. En consé-
quence, je ne lui refuserai jamais une chose
qu'Il aurait faite à ma place[3]. »

Le Frère Rabussier prononça ses Vœux
dans la chapelle de la maison du Noviciat, à
Saint-Acheul, le 8 Septembre 1853. Dans un
sentiment de reconnaissance, il les offrit pour
M. le Curé de Conflans et demanda instamment pour sa sœur la grâce de la vocation
religieuse. Il fut exaucé : Mlle Rabussier entra au Séminaire des Filles de la Charité le
17 Mars 1854, sous le nom de Sœur Pauline.

Chaque 8 Septembre trouvera désormais

---

1. Retraite préparatoire aux Vœux, 4ᵉ jour, Septembre 1853.
2. « Ayant espéré contre toute espérance, j'ai cru. »
3. Retraite préparatoire aux Vœux, Septembre 1853.

le Frère Rabussier plein du souvenir des grâces reçues au jour de ses premiers Vœux.
En 1897, il fêtait pour la dernière fois le cher
anniversaire en présidant une cérémonie de
Profession dans une communauté religieuse.
A la fin du sermon, tout hors de lui-même
et comme transporté d'amour pour Marie, il
s'écria : « Il y a aujourd'hui quarante-quatre
ans que j'ai prononcé mes premiers vœux
dans la Compagnie de Jésus ; et depuis ce
jour, je le dis pour votre encouragement, la
Sainte Vierge n'a jamais trompé mes espérances, ou si Elle les a quelquefois trompées,
c'est en les dépassant. »

Après ses Vœux, le Frère Rabussier resta
à Saint-Acheul, au Juvénat, où il repassa durant un an ses études classiques.

CHAPITRE IV

Les Années de Collège.
1854-1860.

Lorsqu'il eut terminé son Juvénat, le Frère Rabussier fut envoyé au mois de Septembre 1854 au Collège de Poitiers qui venait d'être fondé. Il y remplit les fonctions de surveillant et de professeur d'histoire.

C'était peu de temps avant la proclamation du dogme de l'Immaculée Conception : l'enthousiasme était alors universel dans le monde catholique ; tous les cœurs étaient tournés vers Rome ; on attendait l'oracle infaillible du bien-aimé Pie IX qui déclarerait immaculée la Vierge notre espérance dont le pied vainqueur écraserait une fois encore la tête du serpent. Après avoir lutté pendant trois siècles pour défendre le privilège de l'Immaculée Conception, la Compagnie de Jésus se réjouissait à bon droit. Enfant privilégié de Marie, le Frère Rabussier s'unit à l'allégresse commune et sa dévotion à la Sainte Vierge en reçut un nouvel accroissement.

« En 1854, dit-il, [je] débutais comme jeune religieux à notre Collège de Poitiers. Il y eut le 8 Décembre une grande joie dans toute la ville et une illumination générale pour la proclamation du dogme de l'Immaculée Conception. En prenant [ma] part de cette joie et de ce spectacle religieux, [je] pensais malgré moi que l'Immaculée Conception serait le point de départ de la résurrection religieuse de la France. [Je] repoussai cette pensée parce que [j']avais pris alors l'habitude de rejeter et de méconnaître, en croyant bien faire, toute influence passive [1]. »

Il eut aussi l'occasion d'avouer que, le 8 Décembre 1854. il reçut de Marie la certitude intérieure qu'il reviendrait un jour à Poitiers pour y mourir.

1. Lettre du 8 Décembre 1889.

Ses ministères le conduisirent assez souvent à Poitiers. En 1869, étant alors en résidence à Bourges, il y vint passer trois mois. Un jour, tandis qu'il célébrait la Messe à l'autel de la Sainte Vierge, il entendit cette parole : « Tu reviendras ici. » Ce double avertissement s'est trouvé réalisé de tout point en 1897. Le Père Rabussier, alors en résidence à Poitiers depuis le mois de Septembre, y mourut le 9 Décembre.

Ce premier séjour à Poitiers fut de courte durée; à la fin de l'année scolaire, il fut envoyé au Collège de Vaugirard comme professeur des classes élémentaires; il y commença ses fonctions au mois d'Octobre 1855. Le Père Olivaint était alors Préfet des études.

Nous ne possédons aucun document relatif aux fonctions du Frère Rabussier dans ce Collège. Nous savons cependant d'une manière générale qu'il se faisait aimer des enfants, les intéressait et qu'il avait un vrai talent pour leur raconter des histoires.

Nous n'avons également que fort peu d'indications relatives à sa vie spirituelle durant son séjour de deux années à Vaugirard :

« L'ennui, dit-il, le dégoût, le vide absolu

ont été habituels dans mes retraites[1]. » Il sent d'autant plus le besoin de s'attacher fidèlement à la recommandation de saint Ignace pour le temps de la désolation : insister sur la prière. « Toutes les fois que je me sentirai resserré, fatigué, ennuyé, écrit-il, je chercherai du soulagement dans quelque acte de piété. *Si magis aridum te sentis, insiste orationi, ingemisce*[2]. »

Nous le retrouvons en Septembre 1857 au Collège de Metz. Il y passa trois ans comme professeur des hautes classes. Là aussi, il ne connut guère que les aridités spirituelles, en particulier durant ses retraites. Quand vient pour lui le moment de faire les Exercices spirituels de saint Ignace, on le sent rempli d'un ardent désir d'en bien profiter et on devine en même temps l'angoisse poignante de son âme. Il écrit lors de sa retraite de 1858 :

« Depuis huit ans que je fais ma retraite dans la Compagnie, jamais je n'ai trouvé de goût à rien. Cependant, il me semble que

---

1. Note de 1857.
2. « Si tu te sens dans une grande aridité, prie davantage et gémis. » Retraite de 1856.

j'ai toujours fait mon possible avec exactitude et bonne volonté[1]... J'ai toujours plus d'attrait pour prier la Sainte Vierge, ma bonne Mère. Prier, prier, c'est là le grand secret[2]. »

Grâce à cette persévérance dans la prière, il ne perdait pas la confiance et il prenait la résolution suivante : « Je m'appliquerai, au milieu de toutes sortes d'occupations, à pratiquer ce précepte de Notre-Seigneur : *Oportet semper orare et non deficere*[3]. » C'est alors qu'il prit l'habitude d'ajouter souvent à ses exercices de piété de Règle un quart d'heure de prière et un chapelet.

Ses efforts pour acquérir l'esprit de prière ne restent pas stériles; il note dans son compte de conscience de 1859 : « Le grand pas fait l'année dernière (et ce progrès s'est soutenu toute l'année assez bien) a été de comprendre pratiquement que le moyen par excellence et dans lequel seul on puisse mettre sa confiance, c'est la prière[4]. » Cependant, il regarda toujours les six années qu'il

1. Compte de conscience de 1858.
2. Retraite de 1858.
3. « Il faut toujours prier et ne jamais se lasser. » (Luc, XVIII, 1.)
4. Compte de conscience de 1859.

passa dans les Collèges comme l'une des
périodes les plus scabreuses de sa vie. Il y
eut à cela plusieurs causes : aimant singuliè-
rement l'étude et se trouvant obligé par
l'obéissance de s'y appliquer beaucoup, il
était continuellement comme sur une pente
glissante. D'un côté, la vie des Collèges,
telle qu'elle est en elle-même, n'était pas
propre à favoriser l'intensité de vie intérieure
que Dieu lui demandait ; de l'autre, cette vie
plus distrayante n'était pas sans apporter
quelque soulagement à ses grandes peines
d'âme. Il s' « apercevait même que sa passion pour l'étude, s'il s'y était livré tout à
fait, aurait pu aller jusqu'à faire cesser complètement, et sans aucun profit pour son âme,
l'état pénible qu'il traversait. » Il fut alors
très fidèle, « priant d'autant plus, travaillant
à surmonter la désolation uniquement par le
combat spirituel et les actes de la vie intérieure. »

Le passage du Frère Rabussier dans les
Collèges ne fut pas entièrement dénué
de succès ; mais ces succès auraient pu
être plus complets, s'il n'eût craint que son
amour déréglé de l'étude ne lui devînt un

prétexte quasi légitime de pousser moins activement l'œuvre de sa sanctification.

Donnons, en terminant la période des Collèges, les témoignages de deux Pères Jésuites, contemporains du Père Rabussier à Metz, en 1859 et 1860 :

« Je n'ai vécu qu'un an avec le Père Rabussier, l'année scolaire 1859-1860. Prêtres ni l'un ni l'autre, nous étions tous les deux professeurs à notre Collège Saint-Clément de Metz. Il enseignait la littérature et moi les mathématiques ; nous n'avions pas les mêmes élèves, en sorte que nos occupations ne nous rapprochaient pas. Il m'est néanmoins resté du Père Rabussier un souvenir très affectueux et embaumé d'édification ; sa piété avait l'occasion de se montrer dans sa charge de former et de diriger les enfants de chœur fort nombreux du Collège.

« Il était d'une observance religieuse irréprochable, très digne et réservé dans ses rapports avec les écoliers qu'il dirigeait d'une main virile. Homme d'autorité à l'égard de ses inférieurs, il était fort cordial avec ses frères religieux ; j'ai un souvenir personnel de l'amabilité avec laquelle il encourageait et aidait les efforts de ceux qui, un jour de fête, s'essayaient à réjouir la communauté par quelque poésie [1]. »

« Je n'ai connu le Père Rabussier qu'une année (1859-1860), à notre Collège Saint-Clément de Metz, mais ce temps a suffi pour me le faire estimer et regretter.

« Ce qui m'a le plus frappé en lui, c'est l'énergie de son caractère qui se trahissait dans toutes ses actions, dans ses paroles et jusque dans sa démarche.

« Comme c'était un saint religieux, la charité chrétienne venait adoucir ce qu'il pouvait y avoir de rude dans son caractère, de sorte qu'il était, dans toute la force du terme, sévère pour lui-même et indulgent pour les autres.

« Même conduite envers ses élèves. Il enseignait la classe des Humanités, qui était très nombreuse ; or, pendant qu'il était impitoyable pour la paresse ou la nonchalance, il montrait toujours la plus grande délicatesse, je dirais presque le plus grand respect pour ses élèves.

1. Lettre du Révérend Père H. L., 19 Janvier 1911.

« Il avait surtout le talent de leur inspirer l'amour du travail. Parfois, il venait en classe avec un livre de littérature et lisait lentement, avec âme, une page qu'il avait préparée d'avance; puis il en faisait ressortir les différentes beautés et s'efforçait de communiquer à son jeune auditoire l'ardeur dont il était animé lui-même. Quand il les avait ainsi préparés, il leur donnait un devoir sur le modèle qu'il venait de leur développer.

« L'année suivante, nous fûmes séparés; mais j'ai appris, dans bien des circonstances, que le Père Rabussier se consacrait au salut des âmes avec le même dévouement et avec le même bonheur[1]. »

A l'automne de 1860, le Frère Rabussier fut appelé à Laval pour y faire sa théologie et se préparer à la grande grâce du sacerdoce.

---

1. Lettre du Révérend Père A. V., 21 Janvier 1911.

CHAPITRE V

Scolasticat. — Sacerdoce. Laval 1860-1866.

———

Le Frère Rabussier passa six ans à Laval ; il y fit son scolasticat et y professa l'Ecriture Sainte et l'hébreu.

Dieu lui réservait là une immense consolation. Heureux celui que, comme Daniel, on peut appeler *Vir desideriorum !* Homme de désirs et de prière, tel est bien le nom qui conviendrait au Frère Rabussier ; Dieu permit qu'une voix autorisée entre toutes lui révélât un jour cette béatitude. Après avoir entendu l'exposé de ses désirs de perfection, de ses luttes, de ses victoires attribuées fidèlement à Marie et à la prière, son

Provincial lui adressa ces paroles : « Vous pouvez dire : *Inveni thesaurum;* oui, continuez ainsi toute votre vie[1]. »

Il a trouvé un trésor! Il a trouvé la perle précieuse de l'esprit de prière! Ses notes en font foi : il compte pour rien ce qu'il a souffert pour acquérir cette richesse inestimable. « Il y a onze ans, dit-il, que je travaille, plus ou moins au milieu des désolations de la part de Dieu et même des hommes, pour arriver enfin à entendre ces bénites paroles. Mon grand tourment, la principale source de mes peines, était toujours que je voulais trouver le secret pour moi de la vie spirituelle et partant de toute ma vie. Dieu me l'a accordé peu à peu, à mesure que j'ai pu le recevoir sans me l'attribuer aucunement, si ce n'est par l'obéissance et l'humiliation de mes fautes[2]. »

Voici comment il pratiquait l'esprit de prière et les avantages qu'il y trouvait : « Dans les moments perdus, de temps en temps au milieu des occupations sérieuses,

1. Compte de conscience au R. P. Provincial, Juillet 1862. (R. P. Fessart.)
2. Notes de Juillet 1862.

je demande quoi que ce soit, selon la dévotion du moment, aux saints Anges, à la Sainte Vierge, au Sacré-Cœur. Je sens continuellement qu'il n'y a pas en cela de contrainte parce que c'est bien plutôt un exercice de la volonté que de l'intelligence. Quand je suis gai, cela ajoute plutôt à ma gaieté et la purifie. Quand je suis triste ou froissé, il est encore moins difficile de prier, comme un mendiant, comme un enfant qui demande quelque chose. Je sais que ce n'est pas là lutter directement contre mes défauts ; cependant, je trouve beaucoup plus d'avantages à cette méthode[1]. »

« Quand je sens en moi quelque grand désir, il m'est facile alors de le tourner en prière ; cela le purifie, le règle et le rend utile. Cela arrive ordinairement pour la science ou la sainteté. Je les demande alors tout doucement et le plus souvent pour un autre, parce que je sens le besoin de me perdre de vue, même dans ces bons désirs. Point d'autre méthode pour tout cela, et même pour la méditation ou les examens,

---

1. Compte de conscience au R. P. Provincial, Juillet 1862. (R. P. Fessart.)

que cette règle générale d'exercer la volonté, de m'arrêter de temps en temps à vouloir. J'ai essayé plusieurs fois de méditer plus régulièrement ; mais je crois que je ne peux pas, et même que je ne l'ai jamais pu. De tout temps, il m'a été impossible de fixer l'imagination quand je m'occupais d'elle directement ; et au contraire, elle suit assez facilement et suavement quand je ne fais pas attention à elle, mais seulement à penser et à vouloir.

« Pendant mon noviciat et même depuis, mes désirs de perfection me rongeaient. Toutes mes journées se passaient à vouloir trop et à gâter par là même les grâces que Dieu me donnait. De là, je ne sais quel désespoir dans lequel j'étais soutenu, mais uniquement par l'obéissance. Quel bonheur, après cela, de trouver enfin un fond solide[1] ! »

Au mois de Mai 1861, le Frère Rabussier avait eu la douleur de perdre son père. A cette souffrance si légitime se mêlait une

1. Compte de conscience au R. P. Provincial, 1863. (R. P. Fessart.)

angoisse poignante au sujet du salut d'un père tendrement aimé. La conversion qui s'était opérée lors de l'entrée du Frère Rabussier dans la Compagnie était pourtant bien rassurante; mais certains mots épars, trouvés dans ses notes, donnent à penser que chaque année, les Pâques de M. Rabussier étaient pour ainsi dire achetées par les prières ou les sacrifices de son fils. Peut-être même s'était-il encore une fois éloigné tout à fait des sacrements? Quoi qu'il en soit, Dieu permit que le Frère Rabussier souffrît beaucoup.

Dix ans plus tard, Dieu voulut bien consoler son serviteur en lui donnant l'assurance intime du salut éternel de son père: « Me promenant au jardin (retraite de 1871), [j'ai] vu dans l'oraison que mon père est sauvé, surtout à cause des actes de charité parfaite qu'il a faits au sujet de ma vocation [1]. »

Le temps est venu où le Frère Rabussier doit se disposer à recevoir l'ordination sacerdotale. Il s'y prépare par les Exercices

1. Notes de retraite, Bourges, 6 Août 1871.

spirituels durant lesquels il consacre à Marie les années de son sacerdoce; il supplie sa « bonne Mère » de lui obtenir la grâce de ne jamais pécher mortellement, de ne jamais consentir délibérément au péché véniel et enfin, dans l'occasion, prudemment, de préférer l'humiliation avec Jésus humilié[1].

Il fut ordonné prêtre le samedi 19 Septembre 1863, en l'anniversaire de l'apparition de Notre-Dame de la Salette. Il célébra sa première Messe le 20, fête de Notre-Dame des Sept-Douleurs, dans la chapelle des Carmélites de Laval. « Je ne m'attendais pas, dit-il, à avoir tant de consolations, surtout par reconnaissance d'un si grand bienfait. [C'était le] besoin continuel de reconnaître mon indignité et mon bonheur, mais avec confiance, et de me donner tout entier. Sachant ma faiblesse, en me préparant, j'avais simplement demandé à ma bonne Mère des consolations pour sentir mon bonheur et ne pas l'oublier. Mais à cause de toutes les prières qui ont été faites pour moi et en particulier de ces bonnes

---

1. Retraite préparatoire à l'ordination sacerdotale, Septembre 1863.

Carmélites qui ont toutes communié pour moi, j'ai éprouvé plus que je n'avais désiré, avec larmes, au point que je pouvais à peine parler par moments... J'étais tout entier à la reconnaissance.

« J'éprouve la joie en me disant que cette fête n'est pas comme toutes les autres qui passent entièrement ; celle-ci reste pour l'essentiel, la Messe tous les jours, [être] toujours entre deux Communions, de plus en plus étroitement enfermé, seul à seul avec mon Ami intime d'autrefois : *Deus qui lætificat juventutem meam* [1]. »

Peu après, le P. Rabussier écrit encore : « Pour la sainte Messe, rien de mieux, je le vois par expérience, que de me mettre dans l'esprit des paroles, des mouvements, des moindres signes, de me laisser faire pour ainsi dire et de mettre toute mon âme à chaque instant dans ce que je fais ou dis. Le tout cependant peut marcher sous l'élan d'une ou deux impressions successives ; j'ai déjà éprouvé cela pour celles de reconnais-

---

1. « Le Dieu qui réjouit ma jeunesse.» (Ps. XLII, 4.) Notes prises le jour de sa première Messe, 20 Septembre 1863.

sance, de confiance ferme, d'un certain entrain de cœur, en m'appuyant à chaque instant sur la volonté de Dieu.

« Pour l'action de grâces, je me trouve bien soit [de] mon ancienne méthode : *Ardor*, soit [d'une] prière vocale récitée lentement et comme en savourant : *Benedicite* de Laudes, *Te Deum*, mes vœux, *Anima Christi*, etc. et toujours à la fin : *En ego ;* soit de me livrer à mon aise à un sentiment un peu dominant que j'aurais bien éprouvé pendant la célébration [de la Sainte Messe], mais sans avoir le temps de le goûter et de m'en nourrir. Ainsi, aujourd'hui, la reconnaissance. Reconnaissance à Dieu mon Père de ce qu'Il m'a donné tout ce qu'Il a ; à Dieu le Fils : la communion quotidienne ; reconnaissance au Saint-Esprit : tout est ici l'œuvre de l'amour... Reconnaissance à Marie ma bonne Mère et Mère de Jésus. Qu'avez-vous fait, ô Marie ? Vous mettez votre divin Fils entre mes mains, dans mon sein, à moi ! Comme votre enfant, je vous demande du pain, et vous me donnez le corps et le sang de Jésus[1] ! »

1. Notes du 26 Septembre 1863

Il notait l'année suivante : [Je ne vois] « pas de moyen plus simple pour éviter la routine dans la célébration de la Messe, que de faire de son mieux l'heure de méditation qui précède. Tout va tout seul au saint Autel, et comme en vertu de la force acquise, quand on y arrive étant déjà en train de dévotion, sensible ou non. Et il faut cette préparation, parce que les prières de la Messe varient peu et que, d'ailleurs, on n'a pas le temps de les méditer [1]. »

Le P. Rabussier va maintenant faire ses premiers pas dans cette carrière sacerdotale où il devra tant recevoir en vue des âmes et leur distribuer si largement ses trésors spirituels. Tout en terminant ses études théologiques, il fut appliqué par l'obéissance à quelques ministères extérieurs.

Au printemps de 1864, il donna successivement la retraite de Première Communion à Conflans et à Herblay. Il est très probable qu'alors, sa mère n'habitait plus Conflans. Mais il retrouva des amies de sa sœur auprès desquelles il se fit aussitôt l'apôtre de la vie

____

1. Notes de 1864.

intérieure. Ces âmes simples et dociles entre-
voyaient comme d'instinct que le P. Rabussier
leur donnerait quelque chose de plus intime
et de plus profond pour leur vie spirituelle.
Sur leur demande, le Père leur apprit à méditer
et après avoir tant souffert lui-même pour trouver la perle précieuse de l'esprit de prière,
son cœur sacerdotal se dilatait en faisant part
de ses richesses à d'autres âmes. Il se rappela
toujours avec consolation ces prémices d'a-
postolat. Il évoquait volontiers et avec émotion le souvenir de « la bonne Marguerite, »
humble femme du peuple qui, toute sa vie,
fit la méditation en se servant des conseils du
Père.

Au mois de Septembre 1864, en l'anniversaire de sa première Messe, il fut chargé
d'enseigner aux scolastiques de Laval l'Ecriture Sainte et l'hébreu. Il mit sa classe sous
la protection spéciale du Sacré-Cœur et professa deux ans (Octobre 1864-Octobre 1866).
Il se livra de grand cœur à cet emploi, non
seulement parce qu'il lui venait de l'obéissance, mais parce qu'il considérait ce genre
d'études comme « une préparation très utile
et presque immédiate à la prédication. »

Le P. Rabussier quitta Laval au mois d'Octobre 1866. Il se rendit à la maison Saint-Vincent de Laon afin d'y faire sa Troisième Probation sous la direction du R. P. Fouillot.

CHAPITRE VI

Troisième An. Laon 1866-1867.
Profession. Bourges 1868.
Dernières relations de famille.

Pour devenir le « héros de la vie intérieure »
et mériter d'en être l'apôtre, le Père Rabussier devait passer par le Troisième An que
saint Ignace a si bien nommé : « *schola affec-
tus,* l'école du cœur[1]. »

C'est là qu'il allait enfin reconnaître et cultiver à fond sa meilleure aptitude. Son « es-

---

1. La Troisième Probation, après celles du Postulat et du
Noviciat, est destinée à couronner la formation que la Compagnie de Jésus donne à ses membres avant leurs derniers
vœux.

prit méthodique veut tout coordonner continuellement à un principe d'action approprié à son caractère. » Ce principe, il le voit « écrit en toutes lettres en tête du Sommaire des Constitutions de saint Ignace : Loi d'amour que le Saint-Esprit a contume de graver dans les cœurs. » — « Mettre tout son cœur dans la vie intérieure ; fortifier sa volonté par la pratique des vertus solides ; donner à son cœur une vigueur et une liberté toutes surnaturelles; entrer par le cœur à l'intime de l'esprit de saint Ignace ; vivre cet esprit au moyen de la Règle, en pénétrer sa vie spirituelle et intellectuelle, sa vie extérieure et son apostolat, » tel sera le fruit de son Troisième An[1].

La première étape du Troisième An fut la retraite de trente jours. Résumons les résolutions qu'il prit alors :

« Dans les exercices de piété et autres moments donnés à la prière, simplicité de cœur et en même temps vigilance contre le découragement.

1. C'est ainsi qu'on peut résumer les premières notes de son Troisième An, Novembre 1866.

« La vie du cœur sera toujours entretenue par mes principales dévotions. Je dois tourner constamment mon cœur vers mes amis toujours fidèles, mes amitiés toujours vraies et inséparables : mon Ange gardien, la Très Sainte Vierge ma Mère, Notre-Seigneur Jésus-Christ et son divin Cœur, la sainte Eucharistie et mon Crucifix. [Il n'y a] pas un jour de ma vie où je n'aie eu besoin d'eux, où je ne les aie trouvés toujours aimants, toujours tendres, compatissants et dévoués, me comprenant toujours et me répondant intimement. Et il en sera toujours ainsi, toujours. *Sine amico, non potes bene vivere*[1].

« Avec mes Frères, je m'appliquerai à me livrer de cœur[2].

« A cause de mes misères auxquelles je ne saurais échapper autrement, je suis obligé de me tenir ferme dans le *Troisième Degré d'Humilité* et d'y revenir sans cesse ; remercier Dieu de mes humiliations, demander toute ma vie religieuse les humiliations qui

---

1. « Tu ne peux vivre heureux sans un ami. » (Imitation, livr. II, chap. 8.)

2. Résolutions de la grande retraite du Troisième An, Novembre-Décembre 1866.

me coûtent le plus : voilà pour moi les caractères de cette vie unitive que l'Institut demande de ceux qui sortent du Troisième An [1]. »

Quelques notes du P. Rabussier donnent à penser que c'est au Troisième An qu'il renonça, au moins momentanément, à l'idée des Missions étrangères, d'après l'avis de ses Supérieurs qui ne jugeaient pas à propos un si grand éloignement tant que sa mère vivrait encore. Il avait fait « la demande officielle des Missions durant son Juvénat », donnant comme motif principal un attrait d'humilité : il voyait « dans la vie du missionnaire une occasion d'être davantage le serviteur de tous. » Néanmoins, il avouait que « son désir n'avait pas chez lui la véhémence d'un attrait dominant », et il s'en remettait à l'obéissance. En 1860, le R. P. Fessart lui suggéra l'idée de demander la Mission d'Amérique après sa théologie. Il fut aussi sur le point de s'offrir pour celle d'Arabie, mais deux Provinciaux lui dirent de n'y plus penser. Plus tard, il sollicitera sans l'obtenir celle de Chine.

1. Contemplation *ad amorem*, grande retraite, Décembre 1866.

Les Pères réunis à Laon pour leur Troisième Probation faisaient un peu de ministère : prédications, catéchismes, etc. Le P. Rabussier eut sa part de ces occupations apostoliques ; il fut de plus envoyé à Saint-Brieuc pour y prêcher le Carême.

Le Troisième An fut clôturé, au mois d'Août 1867, par une retraite de huit jours. Les notes prises en cette occasion montrent qu'il emportait de l'Ecole du cœur un plus grand amour du livre des Exercices spirituels de saint Ignace. Avec le temps, cet amour des Exercices augmentera encore : nous verrons bientôt qu'il eut le talent de les adapter aux besoins de ses divers auditoires.

Le Troisième An était terminé. Comment l'obéissance allait-elle disposer désormais du Père Rabussier ? Les Supériéurs l'auraient plutôt destiné aux études. Mais cette carrière n'entrait pas pour lui dans les desseins providentiels. Un mal d'yeux grave et subit dont nous ignorons l'époque exacte vint modifier les vues des Supérieurs. En cette occasion, le Père Rabussier n'eut pas seulement l'attitude passive qui subit et accepte : il fit le « sacrifice » de son amour de l'étude autant que cela pouvait être selon la volonté de Dieu. Il vit là plus tard une des grâces décisives de sa vie. Ses yeux guérirent dès qu'il fut orienté vers la carrière apostolique.

Le 18 Août 1867, il arrivait à la résidence de Saint-Laurent de Bourges, qui venait de lui être assignée pour demeure. Le Père de Poulpiquet en était alors Supérieur.

Désormais, à part quelques emplois à l'intérieur de la maison tels que Procureur, Ministre et Père spirituel, le P. Rabussier sera, dans toute la force du terme, l'ouvrier apostolique livré au ministère des âmes dans les prédications, retraites, confessions, etc.

Le 2 Février 1868, il prononça les vœux de Profès de la Compagnie de Jésus dans la chapelle de la résidence.

Il se prépara à cette grande action par une retraite. La résolution qu'il prit alors montre les fruits qu'il tirait du livre des Exercices : « Je continuerai, dit-il, à m'appliquer en tout et pour tout à quelque point des méthodes ou règles du livre des Exercices spirituels [1]. »

---

1. Retraite préparatoire à la Profession, Janvier-2 Février 1868.

Rabussier.   5

Il écrivait le 2 Février : « Quelle grande action ! Je comprenais bien comment j'en prenais à témoin tout le ciel. Le nom de la Très Sainte Vierge me rassurait. Je ne l'ai jamais quittée et Elle ne m'a jamais quitté jusqu'ici. Que j'ai besoin de participer au mérite de la Purification de Marie ! De tous les côtés, je suis ruiné, désespéré à ne regarder que moi. Mais cela m'ouvre la porte du Cœur de Jésus.

« [J'ai] senti, comme toujours, le besoin profond de remercier. On ne sait pas prier, quand après on n'est pas poursuivi du besoin de remercier.

« [J'ai] été particulièrement heureux de prononcer le dernier vœu de dévouement au Souverain Pontife[1]. Saint Ignace m'avait tant appris à aimer les Missions dont je suis trop indigne !... J'ai remarqué depuis quelque temps qu'un signe bien clair qu'une âme est plus près de Notre-Seigneur, c'est quelque chose de tendre et de dévoué pour le Souve-

---

1. On sait que les Profès de la Compagnie de Jésus ajoutent aux trois vœux ordinaires de religion le vœu de dévouement spécial au Souverain Pontife.

rain Pontife, sans affectation, sans s'afficher, mais comme dans l'intime du cœur[1]. »

Le soin que le P. Rabussier apportait à sa sanctification et les différents labeurs auxquels l'appliquait l'obéissance ne lui faisaient pas oublier la piété filiale envers sa mère, la reconnaissance qu'il devait à elle et à sa sœur religieuse, sa « seconde mère » comme il aimait à l'appeler. Dieu permit qu'il eût la consolation de leur donner à l'une et à l'autre l'assistance de son ministère sacerdotal. Il le fit avec une exquise délicatesse, surtout en deux circonstances.

Mme Rabussier s'était retirée comme dame pensionnaire près de sa fille, chez les Sœurs de la Charité, à Amiens. Au commencement de 1869, elle fut atteinte d'une pleurésie jointe à une maladie de cœur qui faillit l'emporter. Elle fut administrée et on appela le P. Rabussier; il n'avait que trois jours à passer près d'elle. Elle lui demanda de la confesser. Il s'y refusa d'abord, car il lui en coûtait beaucoup. Mais, sur de nouvelles

1. Notes du 2 Février 1868. — Une note du P. Rabussier fait allusion à un séjour de trois mois à Poitiers à la fin de 1868.

instances, il y consentit. Il avait bénit de l'eau de saint Ignace à l'usage de la malade. Celle-ci en fut heureuse : elle aimait particulièrement le Fondateur de la Compagnie de Jésus « parce qu'il avait beaucoup souffert pour l'Eglise. » Le P. Rabussier humecta à diverses reprises les lèvres de sa mère avec le doigt trempé dans cette eau bénite. Chaque fois, il faisait cette invocation, en la priant de redire après lui : « Saint Ignace, guérissez-moi. » Mais elle répétait aussitôt : « Bon saint Ignace, donnez-moi la patience. » Le P. Rabussier, surpris, lui demanda pourquoi elle ne faisait pas la même prière que lui. « J'ai trop le désir d'aller là-haut, » répondit-elle. Puis, après un instant de réflexion : « Je suis si bien ici (avec les Sœurs qui la traitaient comme une mère et avec le Bon Dieu dans la maison) ; je veux bien y rester deux ans. » Aussitôt, le P. Rabussier lui donna une goutte d'eau bénite et elle dit après lui : « Bon saint Ignace, je le veux bien, guérissez-moi. » Elle fut hors de danger en quelques heures. Elle mourut deux ans après jour pour jour, le 9 Février 1871.

Les relations du P. Rabussier avec sa

sœur ne sont pas moins empreintes d'esprit surnaturel. Lorsqu'il fut prêtre, Louise devenue Fille de la Charité sous le nom de Sœur Pauline, voulut lui ouvrir son âme. Comme saint Vincent de Paul n'a pas autorisé ses Filles à se confesser aux religieux, ce fut dans un parloir de la maison mère, rue du Bac, que sous la forme de confidence, en toute foi et humilité, elle dévoila son âme et sa vie à son frère envers lequel elle avait la plus absolue confiance. Dieu la récompensa. Lors de la dernière maladie de Sœur Pauline, le P. Rabussier donnait une mission à Amiens où se trouvait précisément sa sœur. C'était au mois de Décembre 1873. Il put venir l'exhorter, la réconforter et la préparer à recevoir les derniers sacrements. Elle s'éteignit doucement tandis que son frère priait auprès d'elle.

CHAPITRE VII

L'Ouvrier apostolique.
Prédication. Direction.

———

Une vie nouvelle allait commencer pour le
P. Rabussier avec la carrière directement
apostolique que l'obéissance ouvrait devant
lui. Avant de le suivre dans les différents
ministères qui, à Bourges et ailleurs, vont
lui donner une si grande influence, il convient d'indiquer d'un mot la source de ses
succès apostoliques. Cette source était cachée dans un don d'oraison surnaturelle
vraiment exceptionnel dont le P. Rabussier
ne prit pleinement conscience que peu à peu,
et dans les souffrances et supplications vic-
torieuses qui en sont l'apanage.

Tout ce qui a été dit jusqu'à présent de l'âme du P. Rabussier montre bien qu'il se débattait plus ou moins comme dans un labyrinthe de difficultés intérieures inextricables. D'où venait ce chaos?

Appelé d'enfance à l'oraison surnaturelle, il correspondit fidèlement aux avances divines. Cependant, tant par timidité et humilité que par suite de circonstances providentielles, il fut de longues années avant de connaître la nature et la valeur des grâces qui lui étaient faites, de sorte qu'il ne songea point à en parler et elles furent comme étouffées dans son âme. De là, un état étrange de désolation continuelle.

Les dons qu'il avait reçus de Dieu pour la direction lui attirèrent promptement, au début de son ministère à Bourges, la confiance de personnes très favorisées de Dieu. En constatant chez elles ce qu'il avait tant de fois éprouvé, il comprit tout pour lui-même et s'ouvrit alors entièrement à ses Supérieurs avec la droiture et la docilité d'un enfant. Ceux-ci approuvèrent sa voie et le rassurèrent dans ses craintes bien légitimes.

Le premier qui reçut ses confidences au

sujet de l'oraison fut le P. de Poulpiquet, alors son Supérieur à Bourges. Il parla aussi aux divers Provinciaux, mais surtout au P. Fessart et au P. Ginhac. Il fit plusieurs retraites sous la direction du premier et le consultait souvent sur son oraison. Il tint aussi à faire les Exercices avec le P. Ginhac à cause de la réputation de directeur éclairé et de saint que celui-ci avait dans la Compagnie, aussi ses approbations lui furent-elles très précieuses. Il lui soumit spécialement tout ce qui se rapporte au plus haut degré de l'oraison surnaturelle auquel il parvint dès 1875 [1].

Nous n'entrerons pas ici dans le détail des faveurs reçues par le P. Rabussier. Il les notait, suivant le conseil de saint Ignace, avec cette simplicité d'une âme parfaitement morte à elle-même qui écrit sous le seul regard de Dieu : simplicité trop rare, il faut

---

1. Plus tard, un des Pères les plus éminents de la Compagnie, reconnaissant en lui des lumières particulières pour parler de ces matières délicates, lui conseilla d'écrire, malgré ses répugnances, sur l'oraison surnaturelle. Il le fit, profitant des occasions que lui fournissait le besoin de telle ou telle âme. Ces écrits conservèrent la forme épistolaire et sont restés la propriété des personnes auxquelles ils étaient adressés.

bien le dire, pour être comprise de tous. Nous préférons, selon la parole de Notre-Seigneur dans l'Évangile, laisser juger l'arbre à ses fruits.

La ville de Bourges où la Providence devait retenir dix-sept ans le P. Rabussier (1867-1884) était, au moment où il y arriva, ce que l'on est convenu d'appeler une ville sérieuse. Avec sa vieille noblesse chez laquelle les sentiments chrétiens et la piété fleurissaient, avec ses nombreuses communautés religieuses contemplatives ou vouées à l'éducation des diverses classes de la société, Bourges offrait à « l'apôtre de la vie intérieure » le champ d'apostolat idéal où ses aptitudes naturelles et ses dons surnaturels devaient, en s'épanouissant, jeter tant d'éclat et lui donner une influence que l'on a qualifiée de « vraiment extraordinaire. »

L'un des Pères qui a vécu avec lui à Bourges s'exprime ainsi : « Nous avons fait partie de la résidence de Bourges, n° 1, rue Saint-Laurent, pendant quatre ans, de 1867 à 1871. Durant ces quatre années, le P. Rabussier avait beaucoup de ministères en ville et au dehors. En ville, il était très apprécié comme directeur de conscience, prudent et clair dans ses conseils. Il avait une grande force de volonté. Quand, à la lumière de Dieu, il avait cru devoir prendre une décision, il tenait bon, pour le profit spirituel des âmes et la réussite des affaires en question. Le Révérend Père prêchait très souvent non seulement à Bourges, mais en France dans les couvents du Sacré-Cœur, soit aux religieuses, soit aux élèves. Dans les paroisses, plusieurs le jugeaient trop sévèrement. Un discours sur l'espérance, vertu si utile, donné dans la splendide métropole de Bourges, nous a fait le plus grand plaisir et le plus grand bien. Père Ministre [1], il avait une charité admirable pour les malades. Par des paroles douces et fortifiantes, il les encourageait à souffrir pour Notre-Seigneur avec résignation à sa très sainte volonté.

« Dans la terrible année 1870, il s'est dévoué à l'occasion dans les ambulances.

« Le Père Rabussier avait un caractère égal : toujours il était content et savait voir

---

1. Le Ministre est le bras droit du Supérieur.

et prendre les choses du bon côté. Dans un mois de Marie prêché dans notre chapelle de Bourges, devant un petit auditoire, il trouvait des raisons pour justifier ce peu de monde.

« Nous pouvons dire qu'il a passé en faisant le bien et un très grand bien et solide et durable[1]. »

Ajoutons l'appréciation d'un autre Père de la résidence de Bourges :

« Comme tous ceux qui vivaient dans l'intimité du Père Rabussier, je lui reconnaissais une intelligence solide, un caractère et une âme élevés, un grand zèle pour les âmes et un don merveilleux de direction[2]. »

Dès les premiers mois de son séjour à Bourges, le Père Rabussier fut mis en rapport par la prédication des retraites avec les religieuses du Sacré-Cœur et les Ursulines. Bientôt après, le Carmel, les Bénédictines du Saint-Sacrement, les Sœurs de la Charité de Bourges, les Fidèles Compagnes de Jésus reçurent aussi les bienfaits de son ministère soit dans les retraites, soit dans les confes-

---

1. Lettre du Père Paul le B***, 1ᵉʳ Février 1911.
2. Lettre du Père T***, 1910.

sions des Quatre-Temps. Les âmes d'élite de ces diverses Communautés apprécièrent promptement sa direction et lui-même se dépensa tout entier avec dévouement à développer le plein esprit intérieur et religieux. A la chapelle de la résidence des Pères Jésuites où il eut son confessionnal jusqu'à l'expulsion de 1880, il fut littéralement assiégé par la foule des pénitents qui recouraient à lui, à tel point, dit une personne qui habitait Bourges à cette époque, « que le Père Rabussier, afin de moins attirer l'attention, pria son Supérieur de lui attribuer le confessionnal le plus retiré. »

En 1872, il commença à être chargé de la Congrégation des Dames Enfants de Marie du Sacré-Cœur. Cette Congrégation se composait de l'élite de la meilleure société. Presque toutes les Enfants de Marie voulaient s'adresser à lui et retiraient pour la plupart de grands fruits de sa direction. Mais le Père Rabussier était loin de favoriser cette vogue. Toujours pleinement surnaturel, il voulait que les âmes avançassent entre ses mains. Il demandait de ses pénitentes une obéissance entière et si, sur un point sérieux, on ne tenait pas compte de ses observations, il préférait qu'on ne revînt pas vers lui. Fidèle à la vocation spéciale à laquelle Dieu l'avait préparé depuis tant d'années, il se donnait totalement aux âmes chez lesquelles il trouvait des dispositions à la vie intérieure et qui voulaient tendre à la perfection sans marchander les sacrifices; il écartait les autres doucement mais fermement, jugeant « qu'il avait assez à faire auprès de celles qui étaient capables de se sanctifier, et qu'une seule d'entre elles valait mieux que dix autres médiocres pour la gloire de Dieu et le salut des âmes. » De là, en partie, sa réputation de sévérité; de là cette parole d'un Père de la résidence à un prêtre qui l'interrogeait à son sujet : « Le Père Rabussier conduit les âmes très loin, mais à la condition qu'on ait le courage de le suivre. » Et il n'était pas rare que l'on dît à Bourges : « Pour s'entendre avec le Père Rabussier, il faut vouloir se sanctifier à tout prix. »

Il fut encore chargé à Bourges pendant une dizaine d'années de la Congrégation des messieurs sous le patronage de saint Michel; il est probable même que cette Congrégation n'existait pas avant lui et tout porte à croire qu'il en fut le premier Directeur. Il fonda une bibliothèque de trois mille volumes pour ses congréganistes. Il eut bientôt sur les hommes la même influence que sur les Dames Enfants de Marie. On conçoit dès lors comment, par la force des choses, il avait en mains toute la haute société de Bourges. Lui-même en souffrait, et il avouait qu'il aurait préféré évangéliser les pauvres. Par ailleurs, cette influence grandissante ne devait pas tarder à susciter des conflits dont nous parlerons bientôt.

Il se dévoua à l'Œuvre apostolique, à celle de la sanctification du dimanche pour laquelle il travailla beaucoup et fit rayonner son zèle sur divers points du diocèse.

En 1873, le pèlerinage du Berry à Paray-le-Monial fut mis sous sa direction. Il rencontra des difficultés inouïes pour l'organiser; mais enfin le plein succès répondit à sa confiance dans le Sacré-Cœur.

Bourges, malgré toutes ses ressources, était un champ trop restreint pour celui que Dieu voulait mettre un peu comme la lumière sur le chandelier au profit d'une grande partie de la France. Bientôt demandé de tant de côtés à la fois, le Père Rabussier fera des absences fréquentes et exercera son apostolat de la vie intérieure dans les milieux les plus divers[1]. Il fut de plus appelé plusieurs fois en Espagne pour les Bénédictins de Silos, les Pères des Sacrés-Cœurs de Picpus de Mouscardès. Il prêcha en Angleterre : à Londres, à Cantorbéry, à l'Abbaye bénédictine de Stanbrook. Il travailla aussi en Belgique : à Bruxelles, à l'Uni-

1. Citons au hasard les maisons du Sacré-Cœur d'Orléans, Niort, Angoulème, Rennes, Saint-Brieuc, Quimper, Beauvais, Moulins, Lyon, la Férandière, Poitiers, Marmoutiers, le Mans, Jette près Bruxelles, etc., etc.. les Carmels de Fontainebleau, Orléans, Lisieux, Paris avenue de Messine, etc.; les Bénédictins de Solesmes, Ligugé, Saint-Benoît-sur-Loire, Marseille, etc.; les Bénédictines de Solesmes ; les Bénédictines du Saint-Sacrement de Mantes, Craon, Paris rue Monsieur; les Pères du Sacré-Cœur d'Issoudun; l'Abbaye-au-Bois, à Paris; l'Assomption de Paris et de Poitiers; quelques maisons du Bon Pasteur, d'Auxiliatrices du Purgatoire, de la Visitation, des Sœurs de la Charité de Bourges et de Nevers, de Petites Sœurs des Pauvres, d'Ursulines, de la Providence de Séez, de la Retraite d'Angers, les Dames du Cénacle, les Dames de Saint-Maur (à Paris), les Religieuses de l'Adoration réparatrice (rue d'Ulm); les Trappistes de Chambarand (Isère), les Trappistines de Maubec, etc., etc.; les Petits Séminaires de Saint-Gaultier (Indre), de la Chapelle-Saint-Mesmin; les Carêmes et Missions à Rennes, Saint-Lô, Redon, Pont-l'Abbé, Mantes, Loudéac, Châteauroux, Laval, Chasnay, Boulogne-sur-Seine, la Flèche, Saint-Brieuc, etc., etc.; les Mois de Marie à Notre-Dame de Bourges, Rouen (église Saint-Godard), etc., etc.

versité de Louvain, à Liége, où il eut des rapports de particulière affection avec Monseigneur Doutreloux.

Tel est à peu près le cadre dans lequel se développa la vie apostolique du Père Rabussier. Les souvenirs et les témoignages de ceux qui l'ont connu et sa correspondance vont nous fournir les détails les plus précieux sur les fruits de son apostolat.

Le Père Rabussier n'était pas ce qu'on appelle un orateur éloquent. Cependant il intéressa et fit beaucoup de bien par ses prédications, soit parce qu'elles avaient un côté très personnel, quelque chose d'original dans le bon sens du mot, soit à cause de l'étendue de ses connaissances, du tact avec lequel il s'en servait selon ses divers auditoires, soit enfin à cause de son grand sens pratique et de l'autorité avec laquelle il s'exprimait. A tout cela, il convient d'ajouter les effets des dons d'oraison qui donnaient à sa parole une efficacité parfois souveraine pour éclairer, remuer profondément.

« Tous ses travaux, nous dit un de ses Frères, étaient sténographiés ; d'ordinaire, il n'écrivait pas ses sermons tout entiers. Il avait en très grande quantité, cinq cents au moins, des pensées, des idées développées avec soin. Quand il parlait, il les juxtaposait[1]. »

Presque chaque année, le Père Rabussier donna les prédications du Carême et il fit à cette occasion bon nombre de belles conversions qu'il attribuait à l'oraison : « Les paroles dites dans l'acte même de l'oraison que Dieu m'a donnée sont des mouvements oratoires qui vont droit aux âmes[2]. »

Mais il excella surtout dans les instructions familières aux prêtres et religieux, aux dames, aux jeunes filles et aux enfants. Là, sa piété avait libre cours; les âmes affamées de quelque chose de meilleur, de plus élevé, trouvaient en l'écoutant ce qu'elles avaient vainement désiré jusque là : cette finesse et cette sûreté d'observation, cette manière simple et pratique de parler des vérités les plus sublimes et cette grâce qui lui était particulière de conduire ses auditeurs à quelque chose de la vie intérieure. Il savait communiquer ce que sa propre expérience lui avait enseigné,

1. Lettre du Père de M***, 11 Novembre 1910.
2. Notes du 19 Mars 1878.

par exemple sur le discernement des esprits, l'oraison et la manière de s'y appliquer, la fidélité dans les épreuves qu'on y rencontre, etc.

« A cette parole absolument neuve et apostolique, continue la personne à laquelle nous devons ces notes, les enfants, les jeunes filles se sentaient attirés à la virginité, à la vie parfaite ; les femmes du monde aspiraient à mener une vie tout intérieure et cachée en Dieu avec Jésus-Christ au milieu du tumulte de leurs obligations de société et des devoirs de la vie familiale. Les affligés trouvaient beaucoup dans ses prédications. On eût dit qu'il avait la connaissance de toutes les blessures qui peuvent atteindre une pauvre âme humaine et il en parlait avec tant de délicatesse et de compassion, savait si bien mettre le baume sur les plaies, que l'on se sentait réconforté et on répétait équivalemment ce que les foules disaient de Notre-Seigneur : « Jamais homme n'a parlé comme celui-ci. »

Le P. Rabussier eut encore un « don, » au dire du Révérend Père Platel, son dernier Provincial. pour exploiter les *Exercices spirituels* de saint Ignace. Après avoir beaucoup

aimé ce « livre d'or, » et s'en être servi pour
lui-même avec fruit, il l'utilisait avec une
souveraine aisance. Sans dédaigner la lettre,
il élargissait l'horizon, donnant à profusion les
enseignements de vie intérieure qui décou-
lent du texte et peuvent animer la pratique
journalière de la vie chrétienne, religieuse
et sacerdotale.

Il écrivait en 1892 : « La grande puissance
des *Exercices* de saint Ignace, dans les premiers temps, venait de ce qu'on savait mieux
aider et diriger les retraitants, selon l'esprit
et la lettre des *Exercices*. Je me convainc toujours plus qu'il faut que le directeur de la
retraite fasse comme le catéchisme des *Exercices ;* qu'on peut être ainsi très intéressant.
Sans doute, il faut animer ce catéchisme de
notre vie intérieure en faisant passer son
cœur dans ses explications. Mais c'est ainsi
qu'on devrait faire tout catéchisme[1]. »

Donnons le témoignage d'une personne qui
a suivi les retraites du Père Rabussier pendant plusieurs années : « Dans les méditations
des grandes vérités, il était à la fois effrayant

____

1. Lettre du mois d'Août 1892.

et encourageant ; avec un discernement parfait des besoins de chaque auditoire, sans
rien qui pût jamais blesser les âmes les plus
délicates, sans aucune de ces exagérations
qui peuvent troubler ou induire en erreur,
il abaissait, relevait et jetait enfin dans le
sein de la miséricorde infinie.

« Il montrait ensuite Notre-Seigneur beau,
aimable, son Cœur si bon, que les âmes
étaient vraiment attirées vers Lui. Il faisait
contempler les mystères avec une grande
simplicité ; les faits évangéliques semblaient
se passer actuellement et les applications
pratiques n'en ressortaient que mieux. — La
science du discernement des esprits, des ru-
ses de l'ennemi, de l'action des bons Anges
et du Saint-Esprit, rendaient palpitantes d'intérêt et éblouissantes de clarté ses contemplations des *Deux Etendards*. — Dans les
méditations sur la Passion, il utilisait tout ce
que ses peines personnelles lui avaient fait
comprendre de la manière de porter la croix et
d'en profiter : « Pour être tout à fait fidèle à
« Notre-Seigneur, disait-il, il faut aller jusqu'à
« remercier de la croix. » — La *Contemplation
de l'amour divin* lui fournissait l'occasion de

découvrir à son auditoire un horizon splendide de perfection ; mais revenant toujours à la pratique, il ne faisait jamais entrevoir la beauté d'un sommet sans montrer en même temps le chemin à suivre pour y parvenir. »

Cependant, si fécondes qu'aient été les prédications du Père Rabussier, elles ne sauraient nous donner une idée complète du bien immense que fit « l'apôtre de la vie intérieure. » Son action sur les âmes la plus intime et la plus immédiate fut celle du confessionnal et de la direction. Là, plus que partout ailleurs, il était l'homme de Dieu. Dès 1872, son expérience personnelle a pu lui faire dire ces étonnantes paroles : « Je ne trouve jamais rien de nouveau dans les autres pour les tentations, les peines, les grâces, etc. [1] »

La direction du Père Rabussier était entièrement surnaturelle. Lorsqu'il confessait ou dirigeait une âme, il le faisait « dans l'acte même de l'oraison [2], » et de l'union avec Dieu.

1. Retraite de 1872.
2. Retraite de 1872.

Son extérieur grave et digne avait aussi quelque chose d'angélique. Lorsqu'on était près du Père Rabussier, disent à l'envi les âmes qui l'ont connu, il était comme impossible de ne pas se recueillir ainsi qu'on le fait pour se mettre en présence de Dieu et prier. On était tout enveloppé d'une atmosphère céleste et virginale.

Sa direction avait différents caractères ; les nombreux souvenirs fournis par les personnes qui en ont bénéficié vont nous aider à les définir.

Tout d'abord elle était lumineuse, pratique, efficace. « Il ne se perdait pas dans des conversations inutiles. Aussi les visites de direction qu'on lui faisait ne ressemblaient-elles en rien aux visites du monde. A peine le premier salut était-il échangé, qu'il fallait immédiatement entrer en matière et parler de son âme. Ce qu'on venait chercher près du Père Rabussier, dit la personne à laquelle nous empruntons ces lignes, c'était la parole de Dieu, rien de plus ; et on sentait qu'il la donnait claire, lumineuse, décisive ; en montrant la volonté de Dieu, il avait comme le don de la faire accomplir ; on ne pouvait s'y soustraire, on aurait craint de résister à Dieu lui-même. »

« Il semblait, écrit une autre personne, avoir reçu à un haut degré le don du discernement des esprits. Pendant une retraite ecclésiastique qu'il prêchait, mon directeur lui parla un jour de mes épreuves. Le Père lui en dit la cause avec une précision qui frappa extrêmement mon directeur, car il n'avait pas dit mon nom, et le Père n'avait jamais auparavant entendu parler de mon âme et ignorait tout de moi, pour le pays et la situation.

« Deux ans après, j'eus moi-même occasion de le voir et d'observer sa pénétration des âmes, car après m'avoir interrogée dix minutes environ, il me dit : « La Sainte Vierge a « manqué à votre vie, et cependant, vous avez « dû avoir envers Elle une certaine fidélité « spéciale de prière pour qu'Elle vous ait ac- « cordé telle et telle grâce. » Jamais je n'y avais songé et c'était vrai : la Sainte Vierge avait manqué à ma vie ; je l'aimais comme Mère de mon Dieu, mais pas du tout comme ma Mère. Et il est vrai aussi que néanmoins, à partir de treize ans, je pris l'habitude de dire chaque jour mon chapelet.

« Quand le Père parlait ainsi des choses les plus intimes de l'âme que Dieu seul connaissait et par conséquent avait seul pu lui dévoiler, j'ai eu l'occasion trois fois de remarquer ce que je n'ai jamais observé chez un autre mais qui, je me souviens l'avoir lu, a été signalé du Cardinal Paulus : il ne paraissait plus vous voir, il regardait devant lui de ce regard à la fois vague et fixe, particulier aux hommes habitués à observer les objets extérieurs en eux-mêmes.

« Même en dehors de ces cas exceptionnels, sa direction toujours paternelle, brève, simple et pratique, était extrêmement précise et lucide.

« Dans toutes ses conversations et lettres de direction, pas une, si courte qu'elle fût, où ne se trouvât un de ces mots qui frappent si juste et si intimement qu'on se dit à n'en pouvoir douter : c'est, pour cette fois, le mot de Dieu. »

« Que vous dire de ce vénéré Père, écrit une religieuse Ursuline. Sa direction m'a été d'un très grand secours. Une seule de ses paroles m'aurait envoyée à l'autre bout du monde, parce que j'avais demandé à la Sainte

Vierge un bon directeur pendant de longues
années et que je sentis ma prière exaucée
en l'apercevant pour la première fois à la
grille de notre chapelle. Je lui donnai toute
ma confiance et lui fis une confession générale. J'avais de terribles tentations de quitter le monastère, convaincue que je n'étais
pas dans la volonté de Dieu. J'avais alors
quelques semaines de postulat. Mon entrée
un peu extraordinaire dans cette communauté donnait beau jeu à mes répugnances
pour y demeurer. Avec beaucoup de tact, de
prudence et de douce et patiente fermeté, il
réussit à m'y maintenir. « Si vous n'étiez pas
« entrée, me disait-il, je vous certifie que je
« ne vous dirigerais pas vers une communauté
« enseignante ; mais Dieu a permis votre en-
« trée ici, vous êtes dans sa volonté. »

« Ce que j'ai le plus admiré en lui, c'est
le don du discernement des esprits et les
lumières surnaturelles sur des âmes qu'il
ne connaissait que pour les avoir entendues
une fois ou deux au confessionnal.

« Je n'ai pas sur la conscience d'avoir perdu
du temps avec ce bon Père en conversation
superflue. Il ne fallait même pas revenir

sur une chose que je lui avais demandée. Il voulait une obéissance sans raisonnement et je m'étais tellement habituée à cela que je ne suis jamais revenue une seconde fois sur les décisions qu'il m'avait données. Ces décisions me servent encore ; j'en ai fait la règle de ma vie sans les soumettre au contrôle d'aucun de mes confesseurs... Du reste, comme il me le disait lui-même un jour : « Toute la direction que je vous ai donnée en « près de trente années tiendrait dans une « feuille de papier à lettre petit format. »

Voici maintenant le témoignage d'une personne du monde : « Combien remarquable était le P. Rabussier dans la direction des âmes ! J'ai toujours considéré comme une des plus grandes grâces de ma vie de l'avoir connu au moment où j'avais très grand besoin de sa direction éclairée. Ses avis me servent toujours ; il entrevoyait l'avenir : « Vous pourrez vous trouver dans telle ou « telle situation, me disait-il, et voici ce que « vous ferez. » Les choses prévues se sont réalisées et il me semble suivre toujours sa direction. »

Une autre écrit : « J'ai eu le P. Rabussier

comme directeur pendant près de trente ans et je lui suis profondément reconnaissante de cette direction sage et éclairée qu'il m'a donnée pendant ces années de grâce. On croyait, quand il s'occupait de vous, qu'il ne voyait que votre âme et je me suis souvent aperçue que, se recueillant, il lisait dans mon âme comme dans un livre ouvert. Dans mes peines et mes difficultés, je le consulte encore et j'éprouve toujours un grand apaisement quand j'ai eu recours à lui. »

« Dans les entretiens intimes, dit une autre, il s'efforçait de donner à ses filles l'amour de Notre-Seigneur, l'amour pratique, l'amour sans raisons : J'aime parce que j'aime. Il aurait voulu embraser tous les cœurs, les arracher aux petites préoccupations matérielles dont il savait pourtant la nécessité et on voyait quelle souffrance il éprouvait quand on semblait ne pas comprendre, rester froide, alors qu'il s'efforçait d'échauffer le cœur. »

« C'est en 1876, écrit une autre personne, que j'ai connu le Père Rabussier pendant une retraite qu'il prêchait à l'Abbaye-aux-Bois. C'est au parloir de la rue de Sèvres que j'ai vu qu'il lisait dans mon âme, me disant ce qui était vrai et que je ne disais pas. Ce fait s'est renouvelé presque toujours en 1882. Mon beau-père était très malade dans le Cantal; je lui demande si je peux céder à l'instance de ma mère en allant en Normandie; il me répond : « Huit jours. » A l'étonnement de mon mari et de tous, je revins comme le Père me l'avait dit et c'est grâce à cela que nous avons reçu le dernier soupir de mon beau-père. »

« Le Père Rabussier, dit une religieuse, lisait dans mon cœur comme à livre ouvert. Dans une des confessions que je lui fis, j'éprouvai un mouvement très vif de contrition, mais je ne lui en dis rien et ma confession ne dut guère différer des autres. Le Père me dit cependant : « Le Bon Dieu vous a fait une « très grande grâce aujourd'hui. » Puis il m'expliqua le prix de ces grâces de contrition, me disant qu'elles purifiaient beaucoup l'âme qui était alors baignée dans le sang de Jésus. »

Solesmes, où le Père Rabussier a eu un moment une si grande influence, nous fournit aussi de précieux témoignages :

« Une personne était tourmentée par une inquiétude qu'elle n'osait avouer à personne;

elle en arrivait à craindre que ses confessions et communions ne fussent sacrilèges. Le 3 Mai 1880, elle vit le Père Rabussier. Aussitôt, sans lui laisser le temps de dire un seul mot de ses inquiétudes, il la rassura, répondant à tous les doutes *non exprimés* et en ajoutant que sa mère l'avait vouée à la Sainte Vierge avant sa naissance, ce qui lui avait valu beaucoup de grâces. Le Père Rabussier ne pouvait connaître tout cela que d'une manière surnaturelle et en bien d'autres circonstances, la même personne a expérimenté ce don. »

Une religieuse de l'Abbaye de Sainte-Cécile écrit : « Pendant l'Avent de 1882, notre Mère nous dit qu'elle avait vu le Prédicateur, le Révérend Père Rabussier, que c'était un homme de Dieu et que si quelques-unes désiraient se confesser à lui, elle laissait toute liberté. Malgré ma timidité habituelle, je me sentis poussée à aller le trouver. Depuis quelque temps, j'étais peinée, fatiguée de petites inquiétudes de conscience ; je savais que ces pensées étaient sans fondement, comme involontaires, mais cependant elles ralentissaient pour ainsi dire la marche de mon âme,

l'amour du Seigneur. Avant de me présenter
au Révérend Père, je priai le Seigneur avec
une vive foi de bien vouloir lui montrer
ce qui lui déplaisait en mon cœur, que si c'é-
tait nécessaire, je ferais une confession générale. Quelle ne fut pas ma surprise, lorsque à peine entrée au confessionnal, n'ayant
pas achevé le *Confiteor*, le Père Rabussier
me dit : « Ma petite enfant, ne pensez jamais
« à faire une confession générale, *jamais*, pas
« même à l'article de la mort. Je vous recom-
« mande de servir Notre-Seigneur par le cœur,
« sans minutie ni préoccupation. Votre âme
« est droite ; soyez en paix, je vous donne l'ab-
« solution générale. » Comme je me retirais
stupéfaite, il me rappela : « Je vais vous dire
« encore un mot. La Très Sainte Vierge vous
« aime bien particulièrement pour la vertu de
« pureté. — Mais, mon Père, je craignais...
« — Taisez-vous, je vous ai dit de ne rien dire,
« de croire. »

« Depuis ce temps-là, la plus douce paix,
la lumière de la foi sont comme demeurées
au fond de mon cœur. Si parfois un petit
doute cherchait à reparaître, j'ai bien senti
la tendresse de Notre-Dame me disant à l'in-

térieur qu'Elle aimait à faire ressentir aux âmes la joie dont la sienne fut remplie lorsque l'Ange lui dit : « *Ne timeas, Maria, in-* « *venisti gratiam,* » et cette autre : « *Beata* « *quæ credidisti.* »

« Un jour, écrit une autre religieuse bénédictine, le Père Rabussier me dit, après une confession qui ne pouvait provoquer rien de semblable : « Mon enfant, vous manquez sou- « vent à la charité ; vous vous montez et vous « dites alors des paroles peu charitables. Vous « étiez appelée à une vie très contemplative, « mais vous vous en êtes éloignée par vos né- « gligences. Vous êtes amie des petites négli- « gences. » Plus tard, il me dit : « Je vous « avais dit que vous aviez été appelée à une « vie très contemplative ; maintenant je vous « dis : Vous *êtes* appelée. »

« Une fois, j'étais fort troublée ; le Révérend Père me dit : « Vous avez l'âme très pure. » Cette parole me consola ; mais vinrent des troubles longs et pénibles durant lesquels j'étais persuadée que j'avais offensé Notre-Seigneur et je me disais : le Père Rabussier ne pourrait plus me dire que j'ai l'âme pure ! J'allai le voir, il me dit de suite en

me regardant : « Oh! mon enfant, vous avez
« l'âme bien pure! » Puis, souriant d'un air
malicieux : « Vous êtes étonnée de cette pa-
« role? Je vous avais dit cela l'année der-
« nière, mais c'est encore bien plus vrai cette
« année. »

« Une personne abordant le Père Rabussier pour la première fois, il lui dit sans pré-
ambule : « Bonjour, mon petit ange déchu... »
Puis il lui parla des inquiétudes qu'elle
avait eues au moment de sa première Communion. « La Sainte Vierge a tout réparé,
« ajouta-t-il... L'union de vos parents a tou-
« jours été aussi sainte que possible : loyauté,
« droiture, dignité, pureté..., c'est une grande
« grâce. »

« Tout cela ne pouvait être connu naturellement du Père Rabussier. »

Une religieuse Ursuline raconte le fait suivant se rapportant à l'époque où elle vivait
encore dans le monde (1872) : « Monsieur C.,
instituteur à V. (Indre), vint nous faire visite huit jours après son mariage avec une de
mes cousines d'Issoudun. Il nous dit qu'étant
à la veille du 8 Septembre, il voulait se confesser; alors nous lui disons de s'adresser au

Père Rabussier. En rentrant, il nous dit :
« Mais ce Père lit dans les cœurs ; il m'a donné
« toute une direction ; en un mot, il m'a parlé
« comme s'il connaissait toute ma vie. »

Un autre caractère de la direction du Père
Rabussier était la largeur et la souplesse.
« Il ne menait pas toutes les âmes par le
même chemin ; il ne se servait pas avec toutes
des mêmes moyens, mais s'adaptait au tempérament moral et spirituel de chacune. Il
n'avait pas dans la direction de système personnel ; il suivait largement les enseignements des saints en s'adaptant à la marche,
à l'allure du Saint-Esprit en chaque âme,
comme il le disait lui-même. C'est ce qui
donnait aux âmes dociles une si grande impression de bien-être spirituel et à celles qui
ne l'étaient pas tout à fait une sorte de crainte
et d'effroi. Il ne demandait jamais que ce que
l'on pouvait donner, mais cela il savait l'exi-
ger avec une grande fermeté en choisissant
toutefois les moments favorables. On peut
dire qu'il parlait à chacun son langage. Il
tenait aussi admirablement compte du milieu
dans lequel on vivait, des caractères avec
lesquels on se trouvait en contact et donnait

sur bien des points, sans même que l'on son-
geât à les lui demander, des conseils si nets,
si à propos, qu'il semblait vraiment connaître
à fond tout l'entourage habituel des âmes
qu'il dirigeait. »

Lorsque le Père avait rencontré une âme
docile et capable d'avancer dans la vie intérieure, il ne lui ménageait pas son dévouement et ne l'abandonnait jamais, quelles
que fussent les circonstances extérieures les
plus contraires et parfois les plus pénibles
pour lui. « Pour sauver une vocation, faire
avancer une âme d'élite, soutenir celles qui
étaient éprouvées, assister les malades et les
mourants, il ne reculait devant aucune souffrance, aucune fatigue, aucune difficulté mo-
rale ou matérielle. Cette fidélité de dévouement est un des traits les plus saillants de son
caractère sacerdotal. »

On peut y ajouter encore la compassion.
Il savait manifester cette compassion toute
surnaturelle d'une manière qui n'amollissait
pas, qui ne repliait pas l'âme sur elle-même
ni sur sa douleur, mais l'élevait plus haut, la
fortifiait, lui donnait quelque idée de la tendresse du Cœur de Jésus. Il avait cette com-

passion pour les pêcheurs, les malades, les peines de famille, les deuils.

Il écrivait à une dame du monde affligée par la perte de son mari : « Que de douleurs à consoler sur la terre ! L'homme est impuissant, mais vous attendez de moi une parole de Jésus, et Lui peut tout adoucir, oui tout, quand on l'aime. D'abord, il a accordé de grandes grâces au bon A.; puissiez-vous mourir aussi bien préparée, aussi abandonnée entre les mains de Dieu, malgré de si affreuses souffrances. Il a voulu prendre nos prières de préférence pour cette intention-là. Aujourd'hui, votre bien-aimé A. vous en remercie, il vous en remerciera toujours. Il prie pour vous. La grâce plus abondante ne vous fera pas défaut. Comptez encore et toujours sur mes prières, sur mon dévouement... Je vous bénis dans les Sacrés Cœurs; là est votre refuge, votre consolation[1]. » Il ajoutait trois jours après : « Vous n'avez maintenant que les consolations de la foi; mais c'est beaucoup pour vous qui aimez par-dessus tout la vie intérieure. Là, on est souvent plus uni

---

1. Lettre du 12 Février 1893.

avec les habitants du ciel qu'on ne leur aurait été uni sur la terre. Vous avez une autre consolation; je dois vous la donner, moi qui ne flatte jamais, vous le savez. Votre union avec le cher A. a toujours été le modèle de la paix, du dévouement mutuel, de la profonde amitié, cette amitié qui est loin de diminuer avec les années.

« ... Il vous reste à comprendre pratiquement la plus grande place que Notre-Seigneur désire prendre dans votre vie. Ce ne sera pas oublier ce cher A., bien au contraire, en Notre-Seigneur. Vous ne le retrouverez pas en vous abandonnant trop à la sensibilité. Les âmes de l'éternité sont fixées dans la pure vie spirituelle...

« Je vois que vous devez être bien contente de vos enfants. Ne soyez pas de ces gens qui en pleurant leurs défunts n'ont plus rien à donner aux vivants... Puissé-je vous aider à profiter de tout pour avancer dans l'amour de Notre-Seigneur [1]. »

A une autre personne du monde qui venait de perdre son père et dont la sœur était reli-

---

1. Lettre du 15 Février 1893.

gieuse : « J'ai prié comme je l'aurais fait pour celui qui me serait le plus cher; je continuerai à prier comme si j'étais de la famille, puisqu'il m'a permis de donner sœur M. à Notre-Seigneur et que vous êtes vous aussi, et depuis si longtemps, ma chère Fille [1].

« Je remercie Notre-Seigneur que vous ayez su saisir le bon moment pour l'administration des derniers sacrements. Il ne me restait que cette préoccupation. J'ai commencé dès hier les messes, je m'en charge bien volontiers pour vos intentions et par-dessus tout pour le bonheur de ce cher père que vous aimiez tant et qui le méritait si bien. J'ai la confiance intime qu'il ne lui fallait pas tant pour quelques dernières expiations. J'ai remarqué qu'il y a toujours une grande indulgence plénière, sans compter celles qui sont accordées par la sainte Eglise, pour les pères et mères qui se soumettent en vrais chrétiens à une vocation de leur enfant pour la vie religieuse. Enfin il a dû bien souffrir, étant privé tout d'un coup de

____

1. Versailles, 6 Janvier 1896.

votre mère lorsque vous étiez tous si jeunes et dans des circonstances si douloureuses !

« Pour vous, je pense que vous pouvez offrir quelque chose de précieux pour cette âme si chère : c'est le sacrifice de la patience et de la charité dans les paroles. Je voudrais vous consoler : la foi et les petits sacrifices, et par ce moyen une grande confiance [1]. »

Qui dira surtout la délicatesse de sa compassion pour les peines intérieures de la conscience et de l'âme ! Les scrupuleux en particulier retrouvaient près de lui le grand bienfait de la paix.

Les souffrances personnelles du Père Rabussier avait ouvert dans son âme cette source jaillissante de compassion pour les souffrances du prochain, plus encore pour les âmes dont il était chargé devant Dieu. Mais pour les peines imparfaites de susceptibilité, de froissements, d'amour-propre en un mot, il était impitoyable. Il disait : « Soyez plus fidèle sur tel point ; faites généreusement tel sacrifice d'amour-propre et vous ne souffrirez plus. »

---

1. Compiègne, 14 Janvier 1896.

Il était donc Père dans toute l'acception du terme, comme Dieu qui nous comble de biens, mais ne nous gâte pas. Lorsque cela était nécessaire pour le bien d'une âme, il n'hésitait pas à faire, comme il le disait lui-même, « le bon chirurgien. » Parfois, la pauvre âme se débattait bien un peu ; mais dès qu'elle montrait de la bonne volonté, il savait relever, encourager, consoler. D'autres fois, pour seconder les desseins de la Providence, il trempait fortement les âmes en leur demandant des choses difficiles, en leur imposant de vraies épreuves. Si l'âme se montrait humble et docile, il faisait sentir bien vite sa tendresse paternelle et disait une de ces paroles qu'on croyait venir directement du Cœur de Notre-Seigneur : « Mon enfant, Dieu est content de vous. Je n'ai rien à vous reprocher. Votre obéissance est parfaite... » Au reste, il ne demandait rien qu'il n'eût expérimenté le premier : « Lorsque j'enseigne une chose qui paraît bien dure à la nature, c'est que je l'ai pratiquée pendant des années [1]. »

1. Note du 3 Mars 1877.

« Le Père Rabussier, écrit une de ses filles spirituelles, s'attachait surtout à trouver dans les âmes qu'il dirigeait un grand amour envers la Sainte Vierge, une parfaite discrétion, une disposition à la vie intérieure, une obéissance entière. Quand on s'adressait à lui pour la première fois, il demandait ordinairement : « Aimez-vous beaucoup la Sainte « Vierge? » Si la réponse était affirmative et très accentuée, on sentait qu'il était heureux et il reprenait aussitôt : « Je m'occuperai de « votre âme, vous pourrez revenir. » Pour les âmes dociles, il était aussi Père que possible, compatissant, bon dans toute la force du terme. Il était condescendant avec les faibles et savait communiquer la paix aux âmes les plus angoissées et les plus scrupuleuses. On sentait qu'il lisait dans les consciences. Aussi ses décisions étaient-elles reçues comme une parole d'En-Haut. Sa direction était toujours une lumière; si parfois elle paraissait voilée et obscure, on pouvait être certain qu'un changement dans les dispositions de l'âme ou dans les événements viendrait ensuite l'éclairer. Témoin le fait suivant :

« Madame C., très connue dans le Nord de la France pour ses œuvres charitables et sa grande piété, était venue à Paris où elle avait à prendre une décision assez grave. Elle voulait demander conseil au Père Rabussier qui se trouvait lui-même à Paris. Elle le connaissait un peu ; elle avait surtout entendu parler de lui par des personnes de science et de piété. Elle s'adressa donc à lui ; après lui avoir expliqué le mieux qu'elle put la situation dans laquelle elle se trouvait, elle lui demanda une règle de conduite. Le Père lui répondit une simple phrase très courte, et qui paraissait différer entièrement de la question posée. Madame C. se dit en elle-même qu'elle s'était probablement très mal expliquée et elle recommença avec plus de détails encore. Elle reçut la même réponse ; surprise et contrariée : « Je crois, mon Père, que vous « ne m'avez pas comprise ; la situation est « difficile et je vous demande une réponse « précise. » Le Père Rabussier, sans se départir de son calme, lui répéta les mêmes paroles. Elle se retira, mais assez mécontente et en se disant : « Vraiment ! pourquoi fait-on « un tel cas de sa direction ? Pour moi, je ne

« comprends absolument rien aux paroles
« qu'il m'a dites ; je suis aussi avancée que
« si je ne lui avais pas parlé. » — Elle en
était là de son jugement, lorsque deux jours
après, les choses tournèrent de telle sorte
que la réponse du Père lui parut aussi claire
qu'elle lui avait d'abord semblé obscure.
Depuis, elle n'a cessé de le considérer comme
un saint. »

Dans les différents ministères[1] qu'il donna
au Carmel de Fontainebleau, le Père Rabussier connut intimement la Mère Elisabeth de
la Croix. « Dans sa direction, écrit une des
Carmélites, il poussait les âmes à l'humilité
et à l'amour de l'humiliation et de l'abjection
et c'est ainsi qu'il dictait à la Mère Elisabeth
ces paroles ou résolutions : « Je préférerai
« l'oraison d'abjection et je la chercherai en
« tout. Elle me donne la paix, la confiance,
« l'élan d'âme pur de tout alliage ; j'y trouve
« même une force nouvelle bien préférable à
« celle que je puisais ailleurs. Cette oraison
« est ma ressource suprême, c'est un refuge

---

1. Retraites de 1881 et 1882 ; triduum pour le centenaire de
sainte Thérèse, etc.

« de repos ; c'est mon secret d'intimité avec
« Notre-Seigneur, etc. [1] »

Le fait le plus étonnant peut-être est que
les âmes touchées par le Père Rabussier ont
gardé de sa direction une empreinte ineffaçable, au point qu'après bien des années, elles
vivent encore de ce qu'elles ont reçu de lui.

Nous avons sous les yeux un certain nombre de lettres du Père Rabussier ; nous donnons ici quelques extraits de cette correspondance de direction simple et substantielle.

A une jeune fille chez laquelle il avait reconnu la vocation religieuse, il écrivait :

Rouen, 18 Août 1888.

« Ma chère Enfant, je suis content de tout
ce que vous m'écrivez. Puisque, en obéissant pour tout, vous trouvez à ce point la
ferveur, la confiance et la paix, c'est encore
une preuve que je ne me suis pas trompé.
Voyez-vous, les preuves d'une vocation doivent être surtout pratiques beaucoup plus
que théoriques.

« C'est ainsi que vous convaincrez plus

____
1. Témoignage des Carmélites de Fontainebleau, 1911.

facilement de votre résolution les personnes qui vous entourent.....

« Je veux vous répondre au moins un mot pour de si grandes circonstances.

« Ne vous inquiétez pas si quelque fatigue de surcroît et surtout les préoccupations vous empêchent de goûter le sensible de l'amour de Notre-Seigneur. Quand on est privé du sentiment d'une consolation spirituelle, il faut considérer le réel, s'y attacher, en remercier Dieu, faire dominer la confiance de foi.

« Je vous défends à ce moment-ci de parlementer, de discuter avec ces craintes vagues, même provenant de la connaissance de vos défauts. Vous faites en action les plus grands actes d'amour de toute votre vie envers Notre-Seigneur, la Très Sainte Vierge, etc., cela suffit.

« Il peut même y avoir quelque chose de providentiel dans ce que vous éprouvez. Toute votre vie, vous pourrez vous dire que vous n'avez pas été entraînée par le sentiment, par le plus léger enthousiasme ; c'est une force pour l'avenir.

« Commencez à goûter ainsi cette paix qui

surpasse tout sentiment. C'est souvent la meilleure et la plus sûre consolation spirituelle. Oh! oui, vous devez beaucoup à Madame ***. Vous le direz bien à Notre-Seigneur lors de votre dernier pas dans le monde.

« Entrez donc dans la vie religieuse. Vous n'en sortirez jamais ni sur la terre ni au ciel. Je vous enferme dans le Cœur de Jésus en vous bénissant. »

A la même.

Mantes, 22 Novembre 1891.

« Ma chère Sœur, je vois clair dans votre âme. Puisse cette assurance vous donner confiance dans la grâce de Dieu.

« A ce moment-ci, vous vous embrouillez par bonne volonté parce que vous vous regardez trop.

« Beaucoup trop de *je* et *moi* dans toutes vos pensées de vie intérieure. C'est par là que la tête rentre et met le cœur à la torture.

« Je vous affirme que vous êtes faite pour la perfection religieuse.

« Je vous défends de dire que votre cœur est tout souillé. Cela n'est pas. Regardez-vous peu de temps, même dans vos examens. Vous n'en verrez que plus juste. Autrement, vous

analysez trop, vous épluchez trop. Sous prétexte de vous laver les mains, vous les mettez
en sang. Beau moyen d'avoir les mains nettes.

« Pensez beaucoup plus à Notre-Seigneur
qu'à vous, beaucoup plus avec votre cœur
qu'avec votre tête, en vous contentant d'un
bon mouvement, très petit, très simple.

« Je vous bénis dans les Sacrés-Cœurs et
Saint-Joseph. »

A la même.

Alençon, 20 Août 1892.

« Ma chère Fille, vous devenez de plus en
plus scrupuleuse ; puis cette petite maladie
spirituelle se complique de la faiblesse et
impressionnabilité physique de votre tempérament. Il n'y a pas autre chose que cela dans
tous vos croquemitaines.

« Ces souffrances et ces embrouillements
passeront, à mesure que vous apprendrez à
remplacer par d'autres pensées celles où il y
a *je* et *moi*.

« Pensez à tout ce que vous voudrez,
excepté à vous et même à vos intérêts spirituels (sans aller jusqu'à accepter l'idée d'aller
en enfer); contentez-vous d'abandonner cela
entre les mains de la Très Sainte Vierge.

« Moquez-vous de vos remords, de vos montagnes de péchés en disant : Il m'est défendu d'examiner, de gronder, de brosser, de raisonner cette personne-là ; elle est perdue dans le Cœur de Marie.

« Passez vos oraisons à tout ce que vous voudrez, excepté *Je*, *moi*, *mon*, *ma*, *mes* : par exemple, des litanies naïves de recommandations, des promenades parmi les intérêts de l'Eglise, des Sacrés-Cœurs, de Saint Joseph, de la Sainte Eucharistie, etc. Ou bien en répétant à un bon petit cœur autre que vous le catéchisme de la foi en la Providence, en Marie, etc., etc., ou bien en répétant la même chose comme un bébé : Merci !... Jésus !...

« Pensez à la Passion, avec une personne de moins, vous. »

Le Père Rabussier désirait que les jeunes filles destinées par la Providence à rester dans leur famille pour y remplir une mission de dévouement prissent raisonnablement leur indépendance pour la piété :

Mantes, 25 Octobre 1890.

« Vous ne savez pas du tout vous débrouiller ; c'est sans doute que vous êtes à la merci de tout et de tous comme une enfant. Ah! les filles de votre âge qui sont mondaines savent bien voyager sans rendre de comptes à personne, pour leurs emplettes, pour leur plaisir, pour aller chez un médecin, un dentiste, pour rencontrer une amie, etc. Pour cela, elles ont su s'assurer une indépendance suffisante. Il est bien permis d'en faire autant pour des motifs cent fois meilleurs.

« L'esprit de foi et la confiance, puis beaucoup moins de dépendance, de craintes dans les choses spirituelles.

« Préférez pour toute offrande de vous-même l'abandon au bon plaisir de Notre-Seigneur ; cela vous aidera à ne pas vous abandonner au bon plaisir des créatures.

« Ce grand esprit de foi que vous devez acquérir, mettez-le aussi dans les réponses de la direction. Oh! que vous y trouverez de force et de liberté. »

Rouen, 6 Août 1892.

« Les relations nécessaires avec le monde font partie de ce mélange de vie active avec la vie intérieure qui est votre lot. Regardez cela

comme le bon plaisir de Notre-Seigneur. Prê-
tez-vous-y par amour du prochain. Il faut s'af-
fectionner à lui dans ce qui l'intéresse, mais
pour finir plus ou moins par ce que nous
aimons. On commence par ce qui est indiffé-
rent et on finit par ce qui est meilleur. »

Voici maintenant quelques conseils de direction plus intime :

13 Février 1891.

« Ce que vous me dites d'une si grande
impossibilité de vous appliquer à vos prières
vocales est une épreuve. Quand le chapelet
vous fatigue trop, vous pouvez dire seulement
le commencement de chaque *Ave Maria*, puis
attendre comme si un autre achevait. Mais
ne le manquez jamais, ce sera pour vous une
consolation à la mort. »

Saumur, 8 Septembre 1894.

« Vous n'avez qu'à remercier pour les
grâces que vous avez reçues à Paray et qui
datent de ce pèlerinage. Rien ne doit nous
étonner de la part de Notre-Seigneur en fait
d'amour et de miséricorde ; ainsi, de ce côté-là,
il n'y a pas à discuter. Ce sont les fruits que

le directeur est appelé à juger. Vous connaîtrez l'arbre à ses fruits. Les fruits qui accompagnent les grâces que vous me soumettez sont bons, et tels que je les désire pour vous. Surtout ils vous portent à beaucoup d'humiliation et de confiance; rien de meilleur.

« Vous avez un peu connu le Sacré-Cœur. Confiez ces grâces à la Très Sainte Vierge. Je ne crois pas qu'on puisse sans Elle avancer un peu sérieusement dans la dévotion au divin Cœur de Jésus.

« Ne séparez pas la vue de vos misères de celle des grandes miséricordes. Soyez comme saint Louis toute votre vie enfant de la Très Sainte Vierge; qu'Elle vous conduise comme lui à l'intime du divin Cœur. »

A une supérieure des Sœurs de la Charité de Bourges, Hôpital de J.

Angers, 19 Janvier 1893.

« Ce que vous me dites de l'union avec Notre-Seigneur pour être douce et ferme est exact : ferme seulement par amour des âmes; vous oubliant vous-même en aimant le prochain, surtout vos Sœurs.

« Vous devriez ainsi faire des actes d'amour continuellement et pour tout, aimer Dieu, Notre-Seigneur et le prochain en tout. C'est ainsi qu'on devient tout à fait Sœur de Charité.

« Pour faire du bien à vos Sœurs, il ne faut pas les pousser toutes autant et de la même manière. Voyez celle qui comprendra mieux l'esprit intérieur, et faites votre possible pour l'aider.

« Vous travaillerez beaucoup, si toutes vos occupations sont accompagnées intérieurement de prière et d'amour, de bons désirs et d'actes de charité. Vous devriez passer tout votre temps à aimer Notre-Seigneur dans chaque chose ou personne qui se présente.

« N'oubliez pas que la charité et même le zèle peuvent consister parfois à fermer les yeux sur ce qui désole le plus, à se taire en aimant et en priant. Dieu seul ! dans la pratique de votre vie toute dépensée et dévouée. Dieu seul ! parce que sans lui vous ne pouvez être douce et humble avec tout le monde. Dieu seul ! parce qu'il n'y a pas de milieu pour vous dans l'acquisition de la vie intérieure : tout ou rien. »

Le Père Rabussier dirigea cette religieuse jusqu'à sa mort. Il lui écrivait dans sa dernière maladie :

Angers, 29 Novembre 1892.

« Vous me dites ce que vous souffrez les jours où vous ne communiez pas. Pour ce qui dépend de moi, je vous dis positivement que j'approuve cette faim et cette soif de la sainte Eucharistie. Dites au Confesseur, d'une manière générale, qu'on vous a encouragée à demander plus de Communions. J'espère qu'il sera content de vous les accorder.

« Ne craignez rien, je vous comprends bien. La Providence a voulu vous donner moins de vie active et plus de vie intérieure. Quel mal y a-t-il? C'est une grâce, au contraire. Vous êtes tentée de raisonner comme si l'activité seule était utile : Marthe, Marthe!.... »

A la même :

Janvier 1895.

« Je regrette de vous avoir fait attendre ma réponse, puisque vous êtes si éprouvée pour la santé.

« Dans tous les cas, c'est pour votre âme que je dois voir clair, et je vous assure que

Notre-Seigneur travaille étonnamment, qu'il ne perd pas un seul jour, qu'il vous aime à l'excès.

« Vous recevez des grâces plus grandes que vous ne pensez, je le vois... Oui, soyez parfaite pour l'amour du prochain. Méprisez les pensées d'amour-propre, comme des brins de paille qui tombent directement dans un grand feu.

« Priez saint Joseph chaque jour de suppléer à ce qui vous manquerait pour la direction, par exemple en vous rappelant et en illuminant quelqu'une de mes paroles ou une parole de la Sainte Ecriture, de la Règle.

« Je doute que vous puissiez faire une retraite en règle, quand bien même on vous appellerait pour cela à Bourges. La Providence toute paternelle et miséricordieuse vous fait faire une retraite actuellement bien plus profonde, et vous en profitez bien. Faites-y dominer l'amour, l'amour qui fait l'esprit de foi, l'amour dans la confiance et l'abandon ; l'amour en remerciant de tout détail crucifiant. Ne vous inquiétez nullement de la paix et de la joie que vous ressentez dans cet abandon aveugle de chaque jour.

« Nous n'aimons jamais assez; mais vous aimeriez encore moins en resserrant votre cœur par la crainte. Remplacez le désir d'aller à Dieu par l'action de grâces; c'est encore l'amour.

« Nous mourrons tous en faillite avec le bon Dieu; les saints les plus grands ne comptaient que sur la miséricorde infinie : *Salve Regina*, Salut, Reine et Mère de miséricorde. »

Mayenne, Vendredi Saint 1895.

« Quel jour pour vous écrire! Comme il doit vous encourager à souffrir, sans faire d'imprudence par votre faute!

« Aimons toujours plus Notre-Seigneur Jésus-Christ. Je vois venir pour vous le détachement parfait du cœur. C'est une bien grande grâce; vous pouvez vous en réjouir.

« Pour moi, je désire vous revoir. Je vous le dis pour vous consoler, sans que vous me le demandiez, afin que vous soyez encore plus reconnaissante envers Notre-Seigneur.

« Et l'amour de la Très Sainte Vierge! Elle sait si bien donner quelque douceur, quand tout le reste est sans douceur. *Ecce Mater tua.* C'est Elle qui, selon la parole du Psalmiste, comme une bonne Mère, sait retourner et adoucir ma couche dans mon infirmité.

« Vous arriverez par Elle à l'intime du Sacré-Cœur. »

Versailles, 31 Mai 1895.

« Je prie pour vous, ma chère Fille, pour que vous ne perdiez rien de vos mérites dans ces circonstances qui comptent au centuple pour l'éternité. Pensez aussi à donner aux âmes, particulièrement si vous voulez, à la sanctification des âmes de prêtres. C'est une œuvre qui m'est toujours chère entre toutes et dont j'ai le bonheur de m'occuper ici et ailleurs.

« Aimez toujours la Très Sainte Vierge tant que vous pourrez, et vous n'aurez rien à craindre.

« Je vous bénis, ma bien chère Sœur et Fille, au nom du Père et du Fils et du Saint-Esprit. »

16 Septembre 1895.

« Merci de tant de prières... Voici la filière des vertus que je viens vous recommander :

la confiance aveugle, entière ; par la confiance plus de patience, même dans l'intérieur. L'état de souffrance et de faiblesse est votre frein providentiel...

« La douceur du Cœur de Marie ! Je La prie de vous bénir. »

Versailles, 16 Juin 1896.

« Ma chère Fille, je crois que c'est à ce moment-ci que je dois le plus raffermir votre confiance.

« Appuyez absolument cette confiance sur une pensée de foi, sur un esprit de foi dans l'obéissance. En agissant ainsi, on ne peut pas être trompé.

« La Providence a eu la très grande bonté de vous faire faire votre purgatoire en cette vie ; vous êtes bien heureuse ; selon toute apparence, vous le comprendrez bientôt.

« Dans le secret de mon cœur, je vous donne plusieurs commissions pour le ciel ; et je prie les bons Anges de vous les manifester quand le temps sera venu.

« Comptez sur beaucoup de prières de ma part, surtout au saint Autel.

« Perdez-vous dans cette pensée du cœur

et de la foi : Marie, Reine et Mère de miséricorde.

« C'est Elle-même qui veut vous cacher jusqu'au dernier soupir dans le Sacré-Cœur. »

A une femme du monde :

Angers, 15 Février 1893.

« Je ne vous permets que les mortifications pour lesquelles une jeune fille n'a pas besoin de permission.

« Soyez sévère envers vous-même pour la charité, pour réprimer la sévérité de quelques jugements.

« Seigneur Jésus, je suis à l'entrée de votre cœur, pauvre petite mendiante demandant un asile, vous ne me repousserez pas.

« Je vous demande mon pain, le pain de l'humilité et de l'amour.

« Je vous remercie, je vous loue des grâces que vous faites aux autres, elles sont mieux placées là que chez moi. »

A la même :

Angers, 21 Avril 1893.

« Pour votre *alleluia* de la résurrection aujourd'hui, je vous dis que votre plus excellente mortification sera toujours de priver votre langue le plus possible, quand vous ressentez un commencement de jalousie, d'agacement, d'impatience, de découragement.

« Il faut plus de calme, même dans l'amour de Notre-Seigneur, plus d'abandon et de confiance, tout en faisant bien la pénitence des privations de la langue. Méprisez tout simplement les tentations d'amour-propre. Comptez sur Notre-Seigneur pour vous humilier tout près de lui. »

A la même :

Angers, 27 Septembre 1893.

« Voici plus d'une fois que je remarque que vous vous mortifiez bien, et sur le point le plus sensible. Je veux vous dire que Notre-Seigneur voit vos sacrifices, puisque rien ne lui est caché dans le fond des cœurs, la source la plus intime des larmes qu'on répand quelquefois.

« Après avoir prié pour vous, je pense que vous êtes trop sévère envers vous-même. Depuis que je vous ai vue, vous avez beaucoup souffert et été très peu coupable.

« Je suis très content de votre grande fidélité à vos exercices spirituels, puis à l'action de grâces. Oui, mon enfant, vous avez bien raison de le dire, Notre-Seigneur vous aime toujours ; j'ajoute même qu'il vous aime beaucoup.

« Que Saint Joseph vous aide pour votre direction spirituelle.

« Que la Très Sainte Vierge soit toujours votre refuge et vous conduise au Cœur de Jésus. »

A une personne du monde :

« J'attendais bien que vous ne tarderiez pas à avoir cette sorte d'union consistant dans une présence de Dieu en vous, sans rien de sensible aucunement, mais beaucoup plus intime que tout ce que j'avais approuvé précédemment. C'est une grâce très grande, dont on est toujours très indigne et vous principalement.

« Vous le devez à votre abandon au bon plaisir divin, à votre obéissance aveugle à la direction.

« On trouve là une joie, ou du moins un repos au-dessus de tout sentiment, dans l'infinie miséricorde dont on est l'objet. Là, on peut toujours rendre ses hommages à l'hôte divin de nos âmes, en adorant, en offrant, en louant et en remerciant, en priant et demandant pardon, etc., toujours selon l'attrait du moment...

« Vous commencez à être tentée d'analyser un peu trop cette grâce; c'est inutile et même ce serait dangereux. Là, plus que jamais, on voit dans l'obscurité, on comprend sans comprendre et mieux que si on comprenait, on sent au-dessus de tout sensible. »

A la même :

« J'approuve toutes les lumières qui vous ont été données sur la douceur envers vous-même, sur l'abandon d'enfant à la volonté de Dieu dans les impuissances provenant du physique. J'approuve aussi cette grande liberté intérieure pour vous prêter tout simplement à l'attrait du moment.

« Je désire que vous commenciez à vous oublier et à vaincre votre pusillanimité naturelle.

« J'approuve votre oraison avec ces caractères de simplicité, de paix, de confiance au-dessus de tout sensible. Je reconnais dans plusieurs choses cette tendance à vous dégager de plus en plus de ce que je trouvais de trop sensible en vous. Non pas qu'il faille rejeter absolument le sensible, mais il faut préférer ce qui est spirituel. »

A une jeune personne retenue près de ses parents et qui devait après leur mort se faire religieuse :

Rouen, 11 Janvier 1885.

« Je n'ai pas été content de votre entêtement pour le jeûne, surtout lorsque j'ai eu tant de peine à vous faire faire les jeûnes nécessaires au spirituel. Pendant longtemps, c'était pour le cœur. La victoire est gagnée ; mais maintenant ce sera pour les idées propres et le repliement sur vous-même. Les résolutions que vous me citiez sont bonnes ; sauf qu'il n'est pas toujours possible de se réjouir des croix. Le plus, c'est d'aller jusqu'à *remercier*, comme le dit le Règlement [1]. En aimant et préférant les sacrifices de la vie

1. Règlement des Zélatrices. Œuvre dont on parlera au Chapitre suivant.

commune, vous choisissez ce qui est pour vous la meilleure part. Ils seront plus cachés et plus méritoires ; plus simples, mais plus nombreux. C'est la moisson du froment dont chaque tige est si petite et qui donne le pain quotidien. Mais n'oubliez jamais en rien la Très Sainte Vierge. »

A la même :

Paris, 8 Janvier 1888.

« Vous avez raison de dire que vous avez besoin d'avoir moins peur des sacrifices ; et je ne parle de rien d'extraordinaire ; non, mais seulement de ce que Notre-Seigneur dans l'Evangile demande à tous les chrétiens. Il n'y a pas de vie intérieure sans cela. Au reste, mon enfant, il y a beaucoup de sacrifices pour lesquels vous avez été fidèle ; il n'en reste que quelques-uns, et pas des plus grands, dont votre imagination et le démon vous font un épouvantail. Vous reculez quand vous raisonnez trop et quand vous vous plaignez, ce qui n'est guère chrétien. »

A la même :

Rouen, 23 Octobre 1888.

« Vous êtes dans votre vocation ; je puis vous défendre d'examiner autre chose ; j'ai seulement à vous reprocher que vous aviez commencé à prendre un peu le genre vieille fille, dans votre petit nid ; c'était sous prétexte de ne pas contrarier vos parents, mais en réalité pour ne pas vous contrarier vous-même. Ajoutez seulement que, si vous deveniez libre, vous m'obéiriez pour ne pas rester inutile ; et cela suffira. »

A la même :

14 Février 1889.

« Je prie bien volontiers pour Madame votre mère. Votre dévouement et votre affection pour elle sont bien louables et je vous y ai toujours encouragée. Vous y avez mêlé quelquefois votre disposition à faire à votre tête, mais ce n'est pas le moment d'en parler.

« Hélas ! même en face d'une telle affection, il faudra se soumettre sans raisonner, si Dieu fait profiter les prières uniquement pour l'âme... Il vous aime, c'est même parce qu'Il vous aime beaucoup qu'Il a droit d'être jaloux. Il est Dieu. »

A la même :

Pont-l'Abbé, 27 Mars 1889.

« J'ai recommandé à Dieu au saint Autel

l'âme de votre chère défunte. Je suis persuadé que tant de prières et vos sacrifices ont obtenu ce que vous désiriez tant pour elle.

« Mon enfant, cette pensée de la mort ne veut pas dire que vous deviez vous attendre à suivre votre maman maintenant, mais que vous devez être entièrement détachée selon la nature et même autant au fond qu'une religieuse, quoique j'évite de vous faire faire rien de vraiment extraordinaire. Ne vous laissez pas reprendre à votre volonté propre, à l'attache à vos idées, etc. Voilà votre mort.

« J'espère que c'est même déjà une chose faite ; la mort dont je vous parle reviendra comme souffrance et sacrifice, mais vous ne reculerez pas, j'en suis bien persuadé.

« Vous voyez de quelle manière vous devez vous considérer comme nécessaire à Monsieur votre père, pour lui et en vue de son âme, sans aucune attache à vous-même. Occupez bien votre place ; je vous conseille de regarder cela comme un devoir. L'expérience ne peut pas être encore grande chez vous, mais en étant docile, vous me donnerez la facilité d'y suppléer. »

A la même :

Paris, 22 Octobre 1889.

« Je me rappellerai ce que vous me dites sur le besoin que vous ressentez d'être tenue fermement à cause de votre indépendance. Cela me servira au moins à vous encourager au plus parfait esprit de foi ; puis que vous vous appliquiez aussi aux actes surnaturels du cœur, car la perfection ne consistera jamais à endurcir son cœur. »

A la même :

Mantes, 18 Novembre 1891.

« Quand vous raisonnez autant que dans votre dernière lettre, vous déraisonnez.

« Tout cela est complètement opposé à l'amour de Notre-Seigneur, à la vie intérieure, à la piété. « On peut se sanctifier dans le « monde. » Ce n'est pas ce que vous faites.

« Craignez de prendre les défauts de vieille fille, dévote à manies ; c'est le moyen certain de perdre votre vocation.

« Vous me demandez de vous gronder. Méditez avec foi en l'Evangile ce que je viens d'écrire.

Rabussier.

« Votre foi diminue dans l'amour du bien-être et de l'indépendance.

« Voici un moyen de vaincre vos tentations, c'est de demander à Notre-Seigneur, à la Très Sainte Vierge, de vous donner la vocation religieuse, même en supposant que vous ne l'ayez pas encore. C'est de renouveler cette demande autant qu'il faudra pour vous vaincre. »

A la même :

Rouen, 9 Décembre 1891.

« Je suis content de voir que vous ne méritez aucun reproche, que vous faites de votre mieux aussi pour votre vocation.

« Sur ce dernier point, il serait impossible d'y voir clair, si vous n'y mettiez pas toute votre bonne volonté. Vous le faites maintenant. Dieu en soit béni.

« Ce qui m'a toujours parlé le plus fort en faveur de votre vocation, c'est de voir que vous prenez immédiatement les défauts de vieille fille, que vous vous y laissez aller aveuglément, quand vous résistez à cette vocation. Vous avez tant d'exemples de mort sous les yeux ! Ce que vous voyez dans vos amies doit vous détacher de la terre. »

A la même :

Angers, 7 Février 1893.

« Oui, je prie pour vous comme pour mon enfant, tout en pensant que Notre-Seigneur, par pur amour pour vous, s'occupe plus de votre âme que de votre corps. Sa très sainte Mère pense en tout comme Lui et Lui comme Elle.

« Mon enfant, combien je désire que vous soyez plus heureuse ! Voici le moyen : Si quelqu'un veut venir après moi, qu'il se renonce, qu'il porte sa croix et qu'il me suive. »

A une jeune fille également retenue dans le monde par sa santé et des obligations de famille :

Bourges, 28 Octobre 1879.

« Ma pauvre enfant, je suis désolé d'avoir paru vous oublier si longtemps. En priant pour votre âme, je vois que ce sont les Anges qui l'ont permis. J'avais mis par erreur ce paquet aux lettres répondues que je ne devais revoir qu'après deux mois d'absences continuelles. Votre âme souffre souvent intimement et aussi extérieurement. J'en suis surpris ; au pensionnat, vous étiez très aimée de vos compagnes ; mais il suffit que Dieu le veuille pour qu'il en soit ainsi. Quand vous souffrez, vous priez mieux, de la prière du cœur. Vous devez aller loin dans l'acquisition de ce trésor et vous n'êtes qu'au commencement. Quand vous souffrez et priez moins, vous n'êtes pas assez détachée des appuis humains et même du bien-être.

« Ah ! chère enfant, ne croyez pas que Notre-Seigneur qui vous parle ainsi soit trop sévère. Il est jaloux à cause de son amour particulier pour vous. Il vous a marquée corps et âme d'un signe de croix spécial.

« Je ne vous oublierai jamais ; voilà votre récompense pour ce que vous avez déjà souffert. C'est à la seule condition que vous ayez un amour plus grand, une confiance plus grande envers la Très Sainte Vierge. »

A la même :

Bourges, 23 Décembre 1881.

« Vous aviez besoin de ma sévérité ; ne vous découragez pas, je suis convaincu que vous en profiterez. Je voyais en vous des dispositions et même des appels immédiats pour aimer beaucoup Notre-Seigneur, mais il faut une fidélité d'autant plus grande. Ce divin

Maître daigne être jaloux de vous, d'un petit grain de poussière ; mon enfant, il faut l'en remercier. Vous commencez à bien comprendre tout ce que je voulais vous dire. Cette grande affection naturelle ne vous fait pas commettre de gros péchés véniels, mais elle en produit beaucoup de petits, croyez-moi, et vous ne vouliez pas les voir, voilà pourquoi j'ai été ferme.

« Vous n'avez votre force que quand vous m'obéissez tout à fait.

« Je vous encourage à communier encore plus souvent. »

A la même :

5 Décembre 1883.

« Je vous défends de vous préoccuper d'apparitions et même d'y penser, méprisez toutes ces idées.

« Quant aux bonnes inspirations, c'est autre chose. Je veux que vous y soyez fidèle ; elles vous font beaucoup de bien, vous éclairent et vous unissent à Dieu. Quelle différence entre ces inspirations et des idées d'apparition que je vous commande de mépriser. »

A la même :

Rouen, 7 Mai 1885.

« Je vous défends de vous inquiéter au sujet de votre oraison. Je vous comprends parfaitement. Contentez-vous du plus mince filet d'oraison, d'une union à la volonté de Dieu presque pas sensible par exemple.

« Le Père Surin est très bon ; mais aucun livre ne vous ôtera vos épreuves intérieures. Il faut passer par là, c'est un acheminement à un plus grand bien.

« N'omettez pas vos communions. Faites un acte de foi sur les fruits qu'elles produisent. »

A la même :

Rouen, 18 Avril 1886.

« Je vous défends de lire une seule ligne de roman ; sans cela vous ne seriez plus mon enfant de la même manière. »

A la même :

20 Août 1889.

« Je pense qu'il ne faut pas vous presser d'ajouter à vos exercices spirituels ; il suffit de vous appliquer sans cesse à vous mortifier en tenant en bride l'activité naturelle à l'extérieur et à l'intérieur. Pour l'intérieur soyez un tout petit enfant, je ne vous donne pas d'autre modèle. Dans les œuvres pour lesquelles je vous encourage, soyez petite servante. Voilà votre manière d'imiter Marie.

« Ces explications vous disent assez la simplicité que Notre-Seigneur préfère dans votre oraison. Tout petit enfant pauvre, quand Il lui plaît qu'il en soit ainsi. »

A la même :

Rouen, 18 Février 1890.

« Croyez bien que vous avez votre liberté au sujet du choix de vos amies. Comme vous désirez en tout servir Notre-Seigneur, je dois seulement vous donner à ce sujet quelques conseils de bon sens. Il y a incompatibilité entre la vie intérieure et la manie de lire des livres romanesques ou peu sûrs pour la foi. De même vous ne ferez jamais rien d'une fille qui n'a pas horreur de murmurer contre Dieu.

« Tout cela est dans la nature même des choses. Ce n'est pas diminuer votre liberté que de vous le rappeler.

« Je dois encore ajouter une remarque : il n'y a eu jusqu'ici que les amitiés fondées sur la vie intérieure qui vous aient fait du bien et où vous réussissiez à en faire. »

A la même :

Rouen, 25 Juillet 1890.

« Si vous cherchez la consolation dans ma correspondance, vous n'avez pas assez, c'est clair. Si vous y cherchez la lumière et la force, vous avez de quoi pratiquer, même quand j'ai moins le temps de vous écrire. Il faut qu'un directeur soit toujours libre de faire passer d'autres occupations avant vous. Cela exerce un peu à l'humilité et à la simplicité. »

A la même :

Angers, 29 Octobre 1893.

« Il ne faut jamais demander des croix quand on est dans la consolation spirituelle. C'est dans la désolation spirituelle ou les aridités qu'il faut s'appliquer à la confiance et même aller jusqu'à remercier. C'est alors qu'il y a un vrai mérite à agir ainsi. »

A une religieuse :

6 Novembre 1896.

« J'ai eu l'occasion toute pratique de réfléchir sur un point de doctrine spirituelle dont je vous ai dit quelques mots : la différence entre la désolation spirituelle, la tentation, et le péché.

« La désolation spirituelle vient de Dieu, quand il lui plaît de donner sa grâce sans la rendre aucunement sensible. La tentation proprement dite étant une sollicitation, une suggestion qui porte vers quelque chose de mal ou de moins bon, ne peut pas être directement causée ou voulue par Dieu.

« La tentation peut venir à l'occasion de la désolation spirituelle, parce que l'ennemi cherche toujours à envahir par où il y a une brèche, où la muraille qui garde l'âme est plus facile à escalader.

« Si la désolation spirituelle était tentation proprement dite, on devrait y résister, on devrait la combattre. Saint Ignace enseigne au contraire comment il faut en suivre le courant, comme d'une inondation, bien assuré qu'on surnagera pourvu qu'on manœuvre dans la barque de la confiance, en pure foi, constance et patience.

« C'est au point qu'on peut y rencontrer la grâce d'une oraison très profonde et très vivifiante, comme d'un parfum de myrrhe ou d'aloès, âcre, pénétrant, mais puissant pour préserver de corruption.

« De fait, il vous arrivait de lutter un peu contre la désolation spirituelle comme on doit lutter contre un commencement, une occasion de péché.

« A quel signe reconnaît-on ce qui n'est pas tentation dans la désolation? A ce signe qu'on peut s'y laisser aller, tout en se rattachant ferme à une confiance de foi, qu'on y trouve même cette excellente oraison dont je viens de parler.

« Prenons par exemple les distractions ou la froideur dans l'oraison. Pour cette âme, c'est un effet immédiat de ses mauvaises habitudes d'immortification, d'amour-propre, de personnalité. Pour une autre, c'est désolation spirituelle d'aridité, d'impuissance sensible, de sécheresse; tandis que pour la première, c'est tentation de sa mauvaise nature et du démon.

« En somme, on doit toujours juger l'arbre à ses fruits.

« Une mauvaise graine d'amour-propre froissé qu'on ne veut pas vaincre, de contrariété qu'on ne veut pas soumettre pleinement au bon plaisir divin, etc., produit une moisson mauvaise.

« Au contraire, la désolation spirituelle, quand on manœuvre selon les Règles du *discernement des esprits*, produit quantité d'excellents fruits.

« Et comme les fruits, par plusieurs côtés, sont sous les yeux de la Supérieure, vous voyez comment et jusqu'à quel point la direction maternelle peut aider dans ce discernement.

« Je me convaincs beaucoup que la vraie douceur maternelle consiste grandement à aider l'âme en aidant le bon ange, en aidant à reconnaître et à écarter le mauvais ange ; celui-ci veut toujours resserrer, troubler, embrouiller, harceler, épuiser et même égarer.

« Que Notre-Dame des Anges vous bénisse aujourd'hui dans le Sacré-Cœur. »

En dehors des rapports de direction avec tant d'âmes diverses, le Père Rabussier eut beaucoup de relations d'amitié avec quelques évêques et des prêtres éminents, à l'occasion de ses ministères, ou des œuvres dont nous parlerons bientôt. Dans ces relations de société, le

Père Rabussier était non pas l'homme du monde, mais toujours l'homme de Dieu, se faisant tout à tous avec tact et aisance, aussi n'était-il déplacé dans aucun milieu. On s'étonna souvent de ce qu'étant d'origine fort modeste, il avait un extérieur d'une distinction peu commune. Dès son entrée au Noviciat, on remarquait déjà combien il avait « bonne façon », sans prétention toutefois. Il n'est peut-être pas un témoignage rendu à sa mémoire par ses frères en religion qui ne signale cette politesse exquise, cette « correction dans les manières. »

Dans les familles, il se mettait à la portée de tous, s'intéressant aux études et aux jeux des enfants, saisissant déjà au vif dans leurs amusements, le trait saillant de leur nature. « Notre bon Père, dit une religieuse qui l'a connu toute petite, avait des condescendances spéciales pour les enfants. Je me rappelle qu'il s'intéressait à mes études, m'expliquait les fables de la Fontaine, la cosmographie... Il nous racontait aussi des histoires et savait le faire à merveille, les grandes personnes elles-mêmes étaient sous le charme. »

Dans un château où le Père avait été invité

à prêcher l'Adoration perpétuelle et où les jeunes gens étaient nombreux, il se donnait à eux durant les soirées avec la plus aimable bonté, ne leur ménageant pas les récits intéressants.

Il compatissait aux souffrances des personnes âgées et malades, et tel vieillard en lui confiant ses maux et expérimentant sa compassion se sentait réconforté et disait ensuite : « Le Père Rabussier comprend toutes mes maladies. »

Il savait entrer dans les goûts et les sollicitudes de chacun, parlant avec la même facilité de chasse, d'affaires, d'agriculture, de botanique, de lettres ou de sciences, etc.

« Le Père Rabussier, dit une personne du monde, malgré une dignité innée qui en imposait, sans aller jusqu'à l'intimidation, était d'une simplicité et d'une bonté qui ouvraient tout de suite le cœur. Je me souviens que, jeune maîtresse de maison, assez embarrassée de mon rôle, il m'encourageait avec amabilité quand il s'arrêtait en passant pour dire la Messe dans la chapelle ou nous faire une rapide visite. Il remarquait alors de petits détails, les faisant valoir pour encourager la timide débutante un peu étonnée, mais encore plus touchée que ce saint religieux prît ainsi sa part de ses succès ou de ses déboires, dans des fonctions peu de son goût, et qui pouvaient lui être la source de nombreux mérites, ce que le Père Rabussier avait tout de suite deviné. »

Lorsqu'on n'avait eu avec le Père Rabussier que des rapports spirituels et qu'une circonstance amenait une rencontre dans la vie extérieure, c'était toute une révélation. Quelle simplicité ! Et plus d'une fois, cette parole se retrouva sur bien des lèvres : N'est-ce pas un peu ainsi que devait être Notre-Seigneur sur la terre, mangeant, buvant, causant comme tout le monde, et pourtant vivant d'une vie toute divine ?

CHAPITRE VIII

L'Ouvrier apostolique.
Ses Œuvres.

———

Il semblerait, après cette esquisse des travaux apostoliques du Père Rabussier, qu'il y avait là de quoi remplir une vie. Et pourtant, nous n'avons encore rien dit de ce qui fut pour lui, dans cette voie de l'apostolat, l'objet des sollicitations presque importunes de la grâce, la cause de grandes souffrances et en même temps d'une moisson très féconde pour le bien des âmes. Nous voulons parler de ce que le Père Rabussier appelait « ses œuvres. » Qu'étaient donc ces œuvres et comment s'était-il trouvé amené à les concevoir et à s'y dévouer? C'est ce que nous avons à dire dans le présent chapitre.

I. — Association des Zélatrices.

La première œuvre qui germa parmi les âmes d'élite dont le Père Rabussier était le directeur fut celle des Zélatrices des Sacrés-Cœurs, destinée à favoriser l'éclosion de la vie intérieure parmi les personnes du monde.

Dès le début de son ministère à Bourges, nous l'avons vu commencer à cultiver la vie intérieure dans les âmes qui lui donnaient leur confiance. Dans les Communautés et œuvres dont il avait le soin, son objectif était le même. Dieu l'avait intimement convaincu que toute l'efficacité des œuvres de zèle vient de l'esprit intérieur de ceux qui les font ou des prières et sacrifices cachés des âmes saintes. C'est là ce qu'il appelait « le levain qui fera fermenter toute la masse. » Mais en travaillant ainsi, il prétendait bien ne rien innover, « surtout ne rien fonder, n'avoir pas d'œuvre propre et personnelle. » Il écrivait en 1876 : « Je n'ai jamais eu l'intention que de propager une chose existant ailleurs. Il me répugnerait extrêmement de faire davantage. Il y a déjà trop de fondateurs [1]. »

« Dans les œuvres de zèle, [j'aime à] être l'un des continuateurs qui remontent l'horloge [2]. » Et pourtant, Dieu le pressait intimement de commencer lui-même quelque chose. Dès 1875, Notre-Seigneur lui répétait : « Je te le demande pour ma Mère..., pour ma Mère. » Le 29 Décembre 1876, il se décida à dire à la Sainte Vierge : « Je ne vous ai jamais résisté et je ne vous résisterai jamais [3]. »

« Pour fonder quelque chose, écrit-il le 9 Mars 1877, le grand point est que l'*esprit* de l'œuvre, entièrement selon Dieu, fécondé par l'oraison et la souffrance, pénètre et anime quelques âmes bien choisies. Quand l'âme et l'esprit d'une œuvre existent ainsi en plusieurs, tous les détails d'organisation et de fonctionnement régulier naissent ensuite comme d'eux-mêmes [4]. »

Désormais, son parti est pris; il essaiera

1. Lettre du 26 Août 1876.
2. Note du 4 Octobre 1876.
3. Note du 29 Décembre 1876.
4. Lettre du 9 Mars 1877.

Rabussier. 10

une œuvre de vie intérieure pour les femmes du monde, mais de la manière la plus humble, le plus impersonnelle. Il se mit à élaborer un règlement très simple pour l'Œuvre des Zélatrices et il le soumit au jugement de son Provincial lors de la visite que celui-ci fit à Bourges à la fin de 1878.

Selon les permissions et les conseils reçus, le P. Rabussier commença à donner le Règlement à quelques Zélatrices et à les réunir. Il leur faisait ce qu'il appelait le « Catéchisme de la vie intérieure. » Il exposait durant une demi-heure environ quelque point de la vie spirituelle ; il donnait tout d'abord la doctrine, puis arrivait à la pratique. L'instruction terminée, on la répétait par groupes de trois ou quatre personnes. On reconstituait ainsi très exactement ce qui avait été dit ; on le notait même, et au besoin le Père complétait.

De petites réunions de Zélatrices commencèrent bientôt à se former dans les villes où le P. Rabussier avait déjà acquis une certaine influence par ses différents ministères dans les paroisses ou les Communautés religieuses. Tout se passait très régulièrement avec

l'agrément des évêques. En Mars 1879, le
P. Rabussier parla de l'Œuvre à Mgr de la
Tour d'Auvergne, archevêque de Bourges,
qui, au mois de Juin, donnait son approbation au Règlement et faisait des vœux pour
une plus large diffusion. A la même époque,
Mgr Coullié, alors évêque d'Orléans, disait
au P. Rabussier son désir que l'Œuvre se
répandît dans sa ville épiscopale; il louait
le Règlement, le qualifiant de « bon, prudent
et discret. » Il ne devait pas tarder à l'enri-
chir d'une approbation écrite (Mai 1880).
C'est alors que, sur le désir de son Provincial, le P. Rabussier fit imprimer le Règlement.

Déjà, dès le mois de Janvier, il avait entre-
tenu des Zélatrices Mgr Sébaux, évêque
d'Angoulême, qui fut l'un des amis les plus
dévoués de l'Œuvre. Lui-même l'établit offi-
ciellement dans son diocèse après un triduum prêché par le P. Rabussier au mois
d'Octobre 1880. Mgr Sébaux garda la direction de l'Œuvre des Zélatrices jusqu'à sa
mort[1] (Mai 1891); il faisait lui-même les

1. Après la mort de Mgr Sébaux, un de ses grands vicaires s'occupa momentanément des Zélatrices jusqu'à l'arrivée

instructions mensuelles après les avoir pré-
parées avec grand soin et poussait l'humilité
jusqu'à soumettre au P. Rabussier le canevas
de ses instructions. Lorsque le Père passait
à Angoulême, l'évêque voulait que ce fût lui
qui adressât la parole aux Zélatrices. C'est
encore Mgr Sébaux qui composa une belle
consécration des Zélatrices des Sacrés-
Cœurs que chaque membre récitait publiquement le jour de son admission.

Le P. Rabussier ne pensait pas à faire de
l'Œuvre des Zélatrices une œuvre propre de
la Compagnie, encore moins une œuvre à
lui, comme quelques-uns ont pu le supposer.
Il est vrai que, par la force des choses, ce
fut lui qui, ayant conçu l'idée de l'Œuvre, en
fournit les premiers éléments en les choisissant parmi les personnes de piété dont il
avait la confiance. De plus, dans certaines
villes, il fut à cause des circonstances le seul
prêtre qui s'en occupa. Ailleurs, au contraire, comme à Caen, à Paris, à la Rochelle,

du nouvel évêque. Celui-ci déclara publiquement qu'il ne se
chargerait d'aucune Œuvre de dames. Il fit cependant une
exception pour l'Œuvre des Zélatrices dont il prit la direction.

les Zélatrices avaient un directeur, prêtre séculier agréé par l'évêque[1].

Dès les premières années de son existence, l'Association s'étendait ainsi discrètement, rayonnait, atteignait un grand nombre d'âmes choisies qui s'épanouissaient dans la chaude et bienfaisante atmosphère de la vie intérieure. Les fruits produits réjouissaient grandement le Père Rabussier. C'étaient des conversions admirables obtenues dans leur famille et leur entourage par les meilleures associées ; c'était, pour les femmes mariées, ce que le Père appelait « la grâce des Zélatrices, » une influence très chrétienne sur leur mari. Telle personne, dirigée par le Père Rabussier, « excellente et parfaite pour l'oubli d'elle-même, la simplicité et l'obéissance, obtint en moins d'un mois six conver-

---

1. A Caen, le premier directeur fut M. l'abbé Garnier qui s'estimait heureux d'avoir une œuvre de vie intérieure parallèle aux œuvres d'ouvriers auxquelles il se dévouait. — A Paris, ce fut M. l'abbé Bourbonne, aumônier de la Visitation, le pieux auteur des Petites Fleurs extraites de la vie des saints. — A la Rochelle, M. l'abbé Fulbert Petit, alors vicaire général, plus tard évêque du Puy et archevêque de Besançon. Il poussait son estime pour l'Œuvre et son affection pour le Père Rabussier jusqu'à prendre le temps de copier de sa main des Règlements et des résumés d'instructions faites par le Père aux Zélatrices des différents groupes.

sions d'hommes, entre autres celle de son mari[1]. » C'était parmi les jeunes filles une germination de vocations à la virginité et à la vie religieuse dans différentes communautés. C'était une sainte émulation pour la fuite des vanités du monde, bien que le Père n'en parlât pas directement ; mais ainsi qu'il le remarquait lui-même, c'était là comme un fruit spontané d'une culture de vie intérieure plus profonde. « L'une des choses que j'admire, écrivait-il, c'est l'efficacité de cette Œuvre pour combattre les mélanges de vanité avec la piété, ou de doctrines équivoques avec la foi[2]. » Et en 1881 il pouvait dire : « Le Règlement des Zélatrices a déjà fait détruire des milliers de mauvais livres[3]. » C'était l'amour de l'Eglise, le zèle, le dévouement aux plus saintes causes, spécialement à la personne du Souverain Pontife, au recrutement et à la sanctification du clergé, mais d'une manière très discrète, surtout par la prière et la souffrance ; enfin, le signe donné par Notre-Seigneur lui-même pour reconnaî-

---

1. Lettre du 19 Novembre 1880.
2. Lettre du 20 Juin 1879.
3. Lettre du 16 Août 1881.

tre ceux qui sont vraiment à Lui : l'union des cœurs dans la charité. A la fin de 1880, l'Association comptait trois cents membres répandus dans différentes villes. Mgr l'Evêque d'Angoulême disait à ce propos au Père Rabussier : « Je n'aurais que cette preuve de trois cents femmes s'appliquant à la vie intérieure avec cette constance et cette discrétion, sans qu'il en résulte aucune des rivalités si ordinaires entre femmes, cela me suffirait pour dire que l'Œuvre est de Dieu. »

Outre le lien intérieur de prière et de charité qui unissait les Zélatrices, le Père Rabussier avait pensé que plusieurs d'entre elles, plus libres, pourraient avantageuse ment se trouver réunies ensemble temporairement dans une maison de retraite pour s'y appliquer plus que jamais à la vie intérieure. Ces Zélatrices prenaient le nom de « Données » parce que, par le fait même d'une liberté plus grande, elles pouvaient se dévouer entièrement à l'Œuvre.

Au mois d'Octobre 1881, le Père Rabussier parla des maisons de retraite au R. P. Provincial. On commença très petitement. Une Zélatrice donnée, propriétaire d'une maison à Bourges, reçut quelques personnes simplement à titre d'amies et tout à fait en passant. On essaya également une maison de retraite à Orval, près Saint-Amand ; mais il n'y eut jamais rien de vraiment organisé et tout se borna à quelques retraites individuelles.

Bientôt, des groupes se formèrent à Saint-Amand-Montrond (Cher) où l'Archiprêtre, M. Le Sachet de la Neuville, fut plus tard (1886) Directeur de l'Œuvre ; à Quimper, où le Supérieur des Jésuites et un autre Père s'en occupèrent avec la permission de l'Evêque [1] ; à Boulogne-sur-Mer, Lille, Nancy où l'Œuvre fonctionnait dans les mêmes conditions ; à Périgueux, à Pau, à Dax où les Zélatrices d'Angoulême l'avaient fait rayonner, etc.

Ainsi croissait la chère petite Œuvre ; semblable au lis parmi les épines de ce monde, son parfum montait suavement vers le ciel. On aurait pu lui appliquer dès lors ces paroles de l'Ange Raphaël à Tobie : « Parce que vous étiez agréable au Seigneur, il était nécessaire que l'épreuve vous visitât. » Le sceau

---

1. Lettre du 4 Décembre 1880.

divin le plus précieux aurait manqué à l'Œuvre des Zélatrices si elle n'avait pas reçu l'empreinte de la croix. Ce gage des bénédictions lui fut donné abondamment, à elle et à celui à qui elle devait tout après Dieu.

Nous avons laissé entrevoir, en dépeignant les premiers succès apostoliques du Père Rabussier à Bourges dans la direction des âmes, qu'il ne devait pas tarder à rencontrer le jeu misérable des passions humaines et l'épreuve qui, de toutes, est la plus cruelle, la contradiction des bons. Voyait-il venir l'orage lorsqu'il écrivait dès 1877 : « Ce qui étonne et navre le plus, c'est l'opposition des bons, c'est de voir tout arrêté par leurs petites passions [1]. »

L'ennemi de tout bien ne pouvait rester inactif en face des fruits de salut et de sanctification qui germaient si nombreux dans l'Œuvre des Zélatrices sous l'influence du Père Rabussier. On s'alarma de tous côtés en la voyant s'étendre et prospérer. Cette Association nouvelle n'allait-elle pas empêcher le développement des Affiliations, Tiers-

---

1. Note du 14 Février 1877.

Ordres qui se greffent sur plusieurs communautés de femmes ? Ne serait-elle pas nuisible aux Congrégations de la Sainte Vierge ? A cela le Père Rabussier répondait que « chacune était libre de choisir entre les Affiliations, Tiers-Ordres et l'Association plus simple des Zélatrices. » Il faisait remarquer que les œuvres similaires auxquelles on opposait les Zélatrices étaient généralement des œuvres « fermées » c'est-à-dire retenant leurs membres définitivement dans leur sein, presque toujours par l'émission secrète des vœux religieux, tandis que celle des Zélatrices était une œuvre « ouverte » du côté des communautés religieuses auxquelles, de fait, elle fournit des vocations de choix. Il expliquait que « les Congrégations de la Sainte Vierge ne pouvaient rien perdre à compter des Zélatrices dans leur sein ; que celles-ci étaient bien plutôt, à cause de la vie intérieure plus intime à laquelle elles se donnaient, comme une source de grâces et de fécondité pour la Congrégation entière. » Il rappelait la pratique de certains Directeurs qui, dès l'origine des Congrégations de la Sainte Vierge, aimaient à former une élite dans cette élite.

Dieu permit que tout cela ne fût pas compris. Les Supérieurs du P. Rabussier, après lui avoir donné toutes les approbations dont il avait besoin pour commencer et continuer en toute obéissance, craignirent qu'il ne se trouvât entraîné à manquer à une Règle qui défend aux Pères Jésuites d'avoir sous leur dépendance une œuvre de femmes.

Durant l'été de 1882, on en référa au T. R. P. Général[1]. Celui-ci, après avoir longuement examiné toutes choses, ne voulut pas désapprouver et il dit à ce sujet ces paroles significatives : « Je ne condamne pas, dans la crainte de briser une Œuvre de Dieu[2]. » Mais il demanda que le Père Rabussier s'abstînt désormais de propager l'Œuvre et d'en être le Directeur. Cette décision si sage et si modérée fut accueillie par le Père avec une entière soumission. « Je suis stupéfait moi-même, écrivait-il, de me voir tellement libre et dégagé ; je ne prie même pas pour la propagation ni la conservation de l'Œuvre des

1. Le T. R. P. Beckx.
2. Les Zélatrices ont entendu souvent le Père Rabussier citer ces paroles. La lettre qui les contenait était adressée au R. Père Chambellan.

Zélatrices, quoique j'aime beaucoup les âmes des Zélatrices. Je vois que la Providence conduit tout. Je sais bien que Dieu n'est pas embarrassé, que quand Il nous lie les mains, c'est qu'Il se charge de tout[1]. »

Il est à remarquer que l'Œuvre, bien qu'arrêtée dans le développement qu'aurait pu lui donner encore le Père, n'était nullement atteinte dans ce qui existait déjà et rien n'empêchait les Zélatrices de faire elles-mêmes de nouvelles recrues. De plus, le Père n'avait reçu aucune défense de cultiver individuellement la vie intérieure dans les âmes et même ses Supérieurs l'encouragèrent plus d'une fois dans ce genre d'apostolat. Il s'en tint simplement à ce que le Très Révérend Père Général avait demandé : il se désintéressa en quelque sorte des Zélatrices comme Association, tout en continuant à donner aux membres qui le sollicitaient le bienfait de sa direction. Puis il se prêtait de loin en loin au désir des évêques ou des prêtres séculiers directeurs de l'Œuvre qui lui demandaient quelque instruction ou Triduum pour les

_____

1. Lettre du 21 Septembre 1882.

Zélatrices. Ce qu'il faisait, non plus pour
l'Association mais pour ses membres, fut
mal interprété. On parla trop ; il y eut des
bavardages parmi celles qui ne faisaient pas
partie de l'Œuvre. Les passions s'excitèrent
d'autant plus que les Zélatrices restaient
plus discrètes et fidèlement unies entre elles.
On crut voir une action occulte et illégitime
du Père Rabussier. On le représenta comme
un religieux désobéissant ouvertement à ses
Supérieurs ; on répandit le bruit que le Très
Révérend Père Général l'avait condamné ;
plus tard, on ira même jusqu'à dire qu'on
pensait à l'exclure de la Compagnie!

En présence de cette agitation, le Révérend Père Provincial songea à éloigner de
Bourges le Père Rabussier, car Bourges
avait été et restait malgré tout le berceau et
le centre de son influence, et le groupe des
Zélatrices y était plus nombreux qu'ailleurs.
Au mois de Septembre 1884, il fut envoyé à la
résidence de Rouen. Les langues firent rage
de nouveau et on interpréta diversement le
départ du Père. Les adversaires de l'Œuvre
virent là une punition bien méritée ; ceux qui
n'avaient pas été dans la mêlée, et les amis

imparfaits du Père crièrent bien haut qu'il était « persécuté » par ses Supérieurs ; pour ses enfants fidèles, ce fut une grande épreuve embrassée avec une foi que le Père sut soutenir d'une manière admirable. Parmi ces opinions différentes, la plus sensible à la délicatesse de respect et d'obéissance du Père fut celle qui le représentait comme « persécuté » par ses Supérieurs. Dès le mois de Juillet 1884, au plus fort de l'orage, alors que tout faisait prévoir son prochain départ, il écrivait à une Zélatrice de Bourges qui était en mesure de faire comprendre autour d'elle les vues toutes surnaturelles de l'homme de Dieu : « Un bon religieux ne peut jamais dire qu'il est *persécuté* par ses Supérieurs. Pourquoi ? Parce qu'il leur demande uniquement et toujours de lui donner le pain de la volonté de Dieu. La seule vraie souffrance, ce serait si on le laissait à sa volonté propre ; ce serait lui arracher le pain de la bouche. Ma nourriture, c'est de faire la volonté de mon Père.

« *Persécuter* signifie s'efforcer d'éloigner quelqu'un de Notre-Seigneur, de faire tomber dans le péché. Tout ce qui vient de l'obéissance, quand même ce serait assaisonné de quelque amertume, est au contraire ce qui unit le plus à Notre-Seigneur, et encore plus quand c'est accompagné d'une croix ; c'est alors vraiment le Sacré-Cœur de Jésus avec la petite croix qui y est enracinée. S'il y a humiliation, c'est la couronne d'épines dont il est entouré. Si on est méconnu, trahi dans ce qu'on aime le plus surnaturellement, c'est la blessure du cœur.

« Et qu'on ne dise pas : mais une telle obéissance arrête et étouffe ce qui était pour le bien des âmes ! Non, il n'en est jamais ainsi, au moins mystiquement. Par exemple, rien ne fut plus contraire au bien des âmes que la mort de Notre-Seigneur Jésus-Christ ; mais mystiquement, rien ne fut plus avantageux pour le salut du monde. C'est ainsi que le plus grand malheur peut être un très grand bonheur.

« Un bon religieux ne pourrait pas plus vivre en dehors de l'obéissance qu'un poisson hors de l'eau. Et pour cela, il ne veut avoir rien de caché pour ses Supérieurs, au moins selon que l'entend sa Règle et dans ce qui lui est personnel ; car s'il est directeur, il ne peut livrer les secrets des autres qui lui sont vraiment confiés.

« Quand un bon religieux s'applique sans cesse à garder une intention très pure, il sait mettre encore deux autres qualités dans son obéissance. D'abord, c'est l'obéissance hiérarchique, c'est-à-dire qui sait rendre à chaque Supérieur la soumission qui lui est due, selon la place de celui-ci dans la hiérarchie de l'autorité. Ensuite, c'est une obéissance en vue de Dieu et non pas de la créature. Elle est très loin de flatter telle faiblesse du Supérieur, d'entrer dans telle petite passion. Non pas que même une faute du Supérieur empêche de se soumettre à son autorité ; mais c'est Dieu que l'on sert en lui, et non pas telle infirmité humaine. Cette obéissance s'allie très bien avec la prudence, parce qu'elle ne cherche que Dieu et par la plus grande abnégation. C'est la prudence de l'homme spirituel et non la prudence de la chair.

« Cette obéissance est bénie de Dieu, parce que c'est celle de son divin Fils et de tous les saints.

« Cette obéissance soumet tout l'homme, surtout le jugement en esprit de foi, parce que c'est l'obéissance à Dieu qui a toujours infiniment raison.

« C'est l'obéissance d'amour en union avec le Sacré-Cœur de Jésus.

« Cette obéissance donne la confiance absolue et inébranlable, parce que dans cette obéissance on trouve tous les biens du bon plaisir divin et on est sûr que rien ne peut nous les ravir.

« Enfin, c'est la simplicité de l'enfance évangélique à qui le royaume des cieux de la vie intérieure est promis dès cette vie[1]. »

Cette lettre n'a pas besoin de commentaire. Elle laisse deviner ce que les langues imputaient soit au Père Rabussier, soit à ses Supérieurs. Dans les circonstances où elle a été écrite, elle dit bien plus que de simples paroles : elle est un portrait frappant de l'obéissance du Père et de sa soumission parfaite.

Lorsque son départ fut décidé, il l'annonçait en ces termes : « Le Révérend Père Provincial[2] m'envoie en résidence à Rouen. Il ne me cache pas que c'est parce qu'on a

1. Paris, 22 Juillet 1884.
2. Le R. P. Chambellan.

Rabussier. 11

trop parlé. Les deux Provinciaux[1] précédents, non seulement m'avaient permis tout ce qui a été fait pour l'Œuvre des Zélatrices, mais ils m'y avaient poussé de toutes les manières. Je suis fils d'obéissance. Si maintenant on me disait de détruire cette Œuvre, je le ferais bien franchement. On ne me l'a jamais dit; puis, on m'encourage toujours pour ce qui est de la vie intérieure; je continuerai donc ce qui m'est permis clairement[2]. » Et répondant aux témoignages de filiale sympathie des Zélatrices de Bourges, il écrivait : « J'ai compris que Notre-Seigneur ne m'abandonnait pas puisqu'il s'appliquait à me faire souffrir, et je lui ai offert mes sacrifices et les souffrances des âmes que j'aime comme un sacrifice de louanges... Je n'ai aucune difficulté à excuser ceux qui m'ont fait du mal, à pardonner à ceux qui ont nui. Voici ma consolation : Notre-Seigneur ne rejette pas un instrument quand il le crucifie... Je ne me sens aucune répugnance, grâce à Dieu, pour l'obéissance parfaite. Je suis intimement

1. Les RR. PP. de Ponlevoy et M***.
2. Lettre du 9 Septembre 1884.

persuadé que toutes les Zélatrices feront de même et je le leur demande pour l'amour des Sacrés-Cœurs de Jésus et de Marie. Qu'elles évitent les récriminations... Je recommande la prudence parce que bien des personnes interprètent toujours et répètent les choses autrement qu'elles ne sont. Dieu veut cette épreuve et je l'aime de tout mon cœur[1]. »

Et quelques jours après de Loyola : « Je vous recommande à toutes la plus grande charité envers les personnes qui peuvent nous faire souffrir. C'est le Seigneur, c'est le Seigneur qui l'a voulu[2]. »

« [Ne pensez pas] à ce que je puis souffrir qui est peu de chose, tellement je vois que la plus grande gloire de Dieu est dans l'obéissance; mais soyez très ferventes, très fidèles, très charitables, sans excès de mortification et sans indiscrétion[3]. »

Le changement de résidence du P. Rabussier ne mit pas fin aux propos regrettables.

---

1. Lettre du 13 Septembre 1884. Peu après, Octobre 1884, Mgr Coullié demanda à Léon XIII une bénédiction pour le Règlement des Zélatrices et Sa Sainteté daigna la lui donner par écrit. Déjà en 1882, il en avait obtenu une première pour l'Association elle-même.
2. Lettre de Loyola, 10 Octobre 1884.
3. Lettre de Loyola, 13 Octobre 1884.

Ils continuèrent leur train et s'étendirent même un peu partout jusqu'à la fin de sa vie. Pour lui, il gardait la paix, pratiquait la patience et la charité ; il faisait pratiquer ces mêmes vertus aux âmes qu'il dirigeait et qui souffraient grandement de voir les obstacles qui s'accumulaient autour du Père. Il écrivait de Rouen en Mai 1885 : « Mon Supérieur ici dit que mes difficultés à Bourges sont venues de jalousie. Notre-Seigneur m'a fait la grâce d'avoir un bandeau sur les yeux pour ne pas le voir ; mais cent et cent circonstances me le font comprendre à présent. J'espère vous donner toujours l'exemple de pardonner et d'excuser parfaitement. Tout est beaucoup mieux pour le bien général à présent.

« Ce qui m'a coûté le plus dans ma vie a été précisément de m'attacher ainsi à Bourges pendant seize ans. J'avais tout prévu quand je me suis décidé à commencer les Œuvres qui devaient m'enchaîner. Tout cela est encore une grande grâce.

« Enfin, tout a été choisi et voulu pour l'amour de la Très Sainte Vierge[1]. »

---

1. Lettre de Rouen, Mai 1885.

« Ce qui naît bien purement du Saint-Esprit et de la vie intérieure, écrivait-il l'année suivante, ne meurt pas ou ne meurt que pour ressusciter.

« Quel bonheur d'avoir quelque sacrifice à unir aux persécutions endurées par la sainte Eglise ! C'est une très grande grâce qui avait été promise bien des fois, que Notre-Seigneur trouverait parmi mes enfants les immolations dont Il avait besoin au milieu de la grande crise que traverse notre Mère la sainte Eglise[1]. Elle est tellement persécutée, calomniée, enchaînée hypocritement, entourée de mille pièges !... Puis, je vois que Dieu ne fait retomber les plus grandes souffrances que sur les âmes à qui elles sont bonnes et qui sont armées suffisamment pour en profiter[2]. »

« Pourquoi se troubler ? Il suffit que nous ne soyons infidèles à la pratique d'aucune

---

1. Le P. Rabussier fait allusion au dévouement inspiré par le Saint-Esprit tout seul à quelques Zélatrices. Comprenant quelle grande chose est la souffrance et l'immolation, elles offrirent à Dieu le sacrifice de leur vie pour les intérêts de l'Eglise. Plusieurs furent acceptées et moururent pour cette sainte cause.

2. Lettre du 26 Août 1886.

vertu parfaite; à ce prix, il y aura une Providence admirable pour défendre et sauver l'œuvre de Dieu [1]. »

L'œuvre de Dieu fut en effet sauvée. Même dans les deux ou trois villes où elle se trouva désorganisée extérieurement par suite des circonstances défavorables, les Zélatrices demeurèrent attachées à leur Règlement et unies entre elles par la prière et la charité. Quant au Père Rabussier, il resta toujours fidèle à ce que le Très Révérend Père Général avait demandé de lui et il pouvait écrire en 1896 : « Depuis des années, je n'ai jamais parlé à personne le premier de l'Œuvre des Zélatrices [2]. »

« Tout ce qui s'appuie sur la vie intérieure ne saurait périr, aimait-il à répéter, si l'on est fidèle aux grâces dont elle est la source... »

Dans les desseins de Dieu, la petite Œuvre si traversée était destinée à produire des fruits au delà de ce que le Père Rabussier aurait pu prévoir. Lui qui « s'était toujours reposé dans la pensée qu'il ne fonderait rien dans

1. Lettre du 6 Septembre 1886.
2. Lettre du 19 Mars 1896.

la sainte Eglise, » vit se former sous ses yeux et dans le sein même de l'Association des Zélatrices tous les germes constitutifs d'une société religieuse, tandis qu'au fond de son âme le Saint-Esprit le pressait de donner à cette œuvre nouvelle la coopération d'un fondateur. Il s'en défendit longtemps, ne se prêtant que lorsqu'il devint clair pour lui qu'il eût été infidèle à Dieu en ne le faisant pas.

II. — Sainte Famille du Sacré-Cœur.

Il est presque impossible de ne pas laisser entrevoir dans cette biographie ce que la Société de la Sainte Famille du Sacré-Cœur doit au Père Rabussier ; devant Dieu, il est son vrai fondateur ; extérieurement, par humilité, il s'est dérobé le plus possible. Sans vouloir faire l'histoire de cette fondation, essayons de donner une idée de son rôle dans cette Œuvre.

Depuis le mois de Mars 1886, le Père Rabussier avait reçu de Dieu des appels pressants à commencer une société de religieuses dont l'esprit serait tout imprégné de

celui des *Exercices spirituels* de saint Ignace
et de sa Règle adaptée à une communauté
de femmes. L'apostolat regardé comme fondamental et essentiel serait l'Œuvre des Catéchismes en faveur de toutes les classes
sociales, avec une préférence marquée pour
les plus pauvres et les plus abandonnés.
Dans la pensée du fondateur, cette Œuvre des
Catéchismes devait être comme la sève qui
pourrait donner dans la suite vie et fécondité
à un apostolat plus complet d'éducation des
jeunes filles.

En 1887, le jour de la Compassion de la
Très Sainte Vierge, une connaissance surnaturelle amena le Père Rabussier à adopter
pour la future Société le nom de Sainte Famille
du Sacré-Cœur. Voici comment il comprenait les convenances et les harmonies de ce
nom. La perfection, pour les religieuses
qu'il entrevoyait, consisterait à entrer dans
la Sainte Famille de Nazareth pour s'efforcer
d'en reproduire les vertus admirables, puis
à tout faire converger vers le Sacré-Cœur de
Jésus comme vers le foyer de l'amour et du
zèle. Le Sacré-Cœur serait donc l'âme de la
petite Société comme il était l'âme de la Sainte

Famille de Nazareth. On devrait le faire vivre et régner à l'intérieur pour le faire rayonner au dehors et on aurait comme devise : « *Cor unum et anima una in Corde Jesu.* » C'est ainsi qu'à Nazareth Marie et Joseph vivaient, travaillaient, souffraient pour Jésus et ne formaient qu'un cœur en son Sacré-Cœur. De même que la Sainte Famille de Nazareth fut fondée de Dieu pour faire naître, grandir, aimer, protéger et nourrir le divin Enfant Jésus, ainsi la Sainte Famille du Sacré-Cœur n'aurait d'autre désir que de former Jésus-Christ dans les âmes.

Tandis qu'il recevait ces lumières, le Père Rabussier entrevoyait, parmi les Zélatrices, des âmes plus ou moins travaillées par Dieu dans le même sens. Ce fut pour lui une nouvelle assurance de l'intention divine.

Au moins de Mai 1887, Mgr Fulbert Petit, vicaire général de la Rochelle, que nous avons vu si dévoué aux Zélatrices, venait d'être préconisé évêque du Puy et avait tenu à faire à Lourdes une retraite de huit jours sous la direction du Père Rabussier. Une intimité plus grande s'était donc établie entre eux. Le Père lui parla des âmes qu'il préparait pour la Sainte Famille du Sacré-Cœur, et le nouvel évêque voulut bien les accueillir dans son diocèse.

Le 26 Mai 1888, trois Zélatrices arrivaient au Puy pour y jeter les fondements de la Sainte Famille du Sacré-Cœur.

« Ma chère Enfant, écrivait le Père Rabussier à l'une d'elles, toute mon âme vous est unie à ce moment-ci pour ce commencement du Puy. Je fais l'un des plus grands actes de foi de commencer une œuvre si grande avec des éléments physiquement si fragiles, dans des circonstances hérissées de difficultés. *Beata quæ credidisti...* Unissez-vous autant que vous voudrez et vos compagnes avec vous à la foi qui m'anime[1]. »

Un mois après, avec l'autorisation de ses Supérieurs, le Père répondait à l'invitation de Mgr Petit en venant visiter et bénir l'humble berceau de la Sainte Famille du Sacré-Cœur. Il reçut un accueil tout bienveillant et fraternel à la résidence des Pères Jésuites de Vals, près le Puy. Le Père Antier qui en était alors Supérieur s'intéressa tout

---

1. Lettre du 26 Mai 1888.

de suite à la petite communauté et accepta de lui donner de temps en temps les secours spirituels. Mais comme il avait discerné dans le Père Rabussier l'homme choisi de Dieu pour fonder la Sainte Famille du Sacré-Cœur, il resta bien entendu que seul le fondateur continuerait à imprimer à l'œuvre l'esprit qui devait tout animer. Bien souvent, le Père Antier dut encourager en ce sens le Père Rabussier, celui-ci étant toujours prêt à se dérober.

Le Père Antier et les Supérieurs qui lui succédèrent à Vals montrèrent toujours un vrai dévouement à la Sainte Famille du Sacré-Cœur. Le Père Rabussier en fut d'autant plus heureux et reconnaissant qu'il ne put lui-même venir au Puy qu'à peine une fois l'an : à ce moment, il était en résidence à Rouen et ses courses apostoliques ne l'amenaient pas du côté de la Haute-Loire. C'est donc le plus souvent de loin qu'il prenait part à tout ce qui intéressait ses enfants : c'était, le 8 Décembre 1889, la profession perpétuelle de la première religieuse entre les mains de Mgr Petit; c'étaient les succès de l'œuvre des Catéchismes à laquelle on s'était dévoué dès le début; c'était l'arrivée de nouvelles vocations.

Au printemps de 1894, Mgr Petit quittait le Puy; il venait d'être préconisé archevêque de Besançon. Il fut remplacé par Mgr Guillois. Le nouvel évêque se montra tout de suite très paternel. Au mois d'Octobre, le Père Rabussier venu au Puy afin de donner pour la première fois les Exercices de trente jours aux religieuses de la Sainte Famille du Sacré-Cœur, demanda à Mgr Guillois de daigner leur imposer et leur permettre de porter l'habit religieux. Jusque là, Mgr Petit n'avait pas jugé opportun de le leur donner ; il recevait seulement les vœux des religieuses au bout des deux années de noviciat. Mgr Guillois accéda au désir du Père et fixa la cérémonie au 8 Décembre suivant; il la présida lui-même : toutes les Sœurs et novices revêtirent le saint Habit. Le Père resta toujours reconnaissant à Mgr Petit et à Mgr Guillois : la Sainte Famille du Sacré-Cœur doit à Mgr Petit le trésor des vœux religieux et à Mgr Guillois le saint Habit.

Durant l'été de 1895, le premier nid du Puy étant devenu trop petit, le Père, avec l'agrément de ses Supérieurs, songea à préparer une seconde maison dans le diocèse de Paris. La Providence lui en fournit deux.

La première fondation fut sollicitée par M. l'abbé Bernard, alors curé de Notre-Dame des Vertus à Aubervilliers, et depuis chanoine de Notre-Dame de Paris. Il souhaitait vivement des aides pour l'instruction chrétienne des nombreux enfants pauvres et plus ou moins abandonnés de sa paroisse. Un échange de pensées avec le Père Rabussier l'amena à désirer et à demander pour Aubervilliers un essaim de quelques religieuses de la Sainte Famille du Sacré-Cœur.

La seconde fondation du diocèse de Paris est due à l'initiative du vénéré Cardinal Richard. Il avait hâte de voir une communauté religieuse s'établir dans le Carmel de Saint-Denis : les Carmélites avaient dû l'abandonner pour aller à Versailles. Le Cardinal considérait comme une vraie relique le monastère sanctifié par la présence et les vertus de la Vénérable Madame Louise de France ; il exprima aux religieuses de la Sainte Famille du Sacré-Cœur son désir de les voir repeupler cette solitude. Le Père

Rabussier, alors en résidence à Versailles, était bien placé pour négocier toutes choses ; il le fit avec grande joie et plein succès.

Il fut très consolé par ces deux fondations d'Aubervilliers et de Saint-Denis. Ce fut son *nunc dimittis*. Dieu devait le rappeler à lui l'année suivante. Il n'entrait pas dans les desseins providentiels qu'il vît la Sainte Famille du Sacré-Cœur se développer davantage, fonder à l'étranger et arriver, grâce à la protection toute paternelle du Cardinal Richard, aux approbations de Rome [1].

Dans la pensée du Père Rabussier, l'Œuvre des Zélatrices, berceau de la Sainte Famille du Sacré-Cœur, devait devenir pour cette Société religieuse un auxiliaire précieux dans son apostolat des Catéchismes. En effet, les religieuses de la Sainte Famille du Sacré-Cœur ayant la demi-clôture, des aides leur sont nécessaires soit pour le recrutement des enfants et la visite des familles, soit même pour l'enseignement de la doctrine chrétienne. Cependant, le Père Rabussier spécifia

---

1. La Sainte Famille du Sacré-Cœur obtint du Saint-Siège le Décret de louange en 1902 et l'Approbation de l'Institut en 1907.

nettement que les Zélatrices ne seraient jamais rattachées à la Sainte Famille du Sacré-Cœur comme une Agrégation ou un Tiers-Ordre, mais simplement à la manière dont les Congrégations de la Sainte Vierge fondées par les Pères de la Compagnie trouvent près d'eux les secours spirituels et un point d'appui.

Le Règlement primitif des Zélatrices, modifié en ce sens, a été honoré d'une lettre du Cardinal Merry del Val transmettant la bénédiction du Saint-Père [1].

Le Père Rabussier a encore songé à créer, dans l'Œuvre même des Zélatrices, un degré spécial pour les personnes qui, plus libres d'elles-mêmes, désirent se consacrer pleinement à une vie de prière et de zèle, sans pour cela être religieuses. Ce sont les Oblates du Cœur immaculé de Marie; une forme de leur apostolat consiste à préparer des Catéchistes de condition plus modeste qui peuvent ensuite rendre service dans les campagnes pour l'enseignement de la religion.

---

1. Voir à l'appendice.

III. — ŒUVRES SACERDOTALES.

Au moment où, par suite des décisions du Très Révérend Père Général, le Père Rabussier s'était trouvé déchargé d'une partie de son labeur près des Zélatrices, il avait été encouragé par ses Supérieurs à travailler de préférence à la sanctification du clergé. C'était répondre à l'un de ses plus chers attraits. Dès le début de sa carrière apostolique, tandis qu'il cherchait à faire pénétrer ou fleurir la vie intérieure parmi les femmes, il désirait non moins ardemment la promouvoir, l'implanter profondément dans la tribu sacerdotale. « La vie sincèrement intérieure et bien dirigée, écrivait-il, est pour un prêtre le complément nécessaire; et parfois le plus riche, des connaissances philosophiques et théologiques. » Il se rendait si bien compte des secours qui manquent sous ce rapport à la plupart des *bons prêtres*, et de ce que sont capables de faire pour le bien les *saints prêtres*, intimement pénétrés d'esprit intérieur. Il disait fréquemment

« qu'un bon prêtre n'a même pas assez de puissance d'action surnaturelle pour empêcher le flot du mal de monter toujours ; pour faire reculer ce flot, il faut *un saint.* »

Dans ses nombreux voyages et ministères, le Père Rabussier aimait à faire pénétrer partout les plus saines idées romaines. Il fréquenta beaucoup de prêtres et d'évêques, dont plusieurs lui vouèrent une estime et une affection très particulières. Avec eux, il échangeait ses pensées sur les besoins des prêtres séculiers, les remèdes à apporter aux difficultés, aux périls qui les assiègent, et on tombait toujours d'accord sur la nécessité de la vie intérieure : « En un mois, disait-il, j'ai vu intimement quatre évêques qui tous m'ont parlé de leurs peines. Les prêtres se laissent gagner par l'esprit du siècle en fait d'indépendance ; les vocations sont plus difficiles à bien choisir ; dans beaucoup de choses, la sainte Eglise n'est pas libre en France et il faut souvent tolérer un grand mal par crainte d'un mal plus affreux. Tous ces évêques reviennent à la nécessité croissante de la vie intérieure [1]. »

1. Lettre du 27 Octobre 1879.
Rabussier.

Aussi le Père Rabussier ne cessait-il d'encourager autour de lui à travailler, prier et souffrir pour les prêtres. Il écrivait : « Un vicaire général que je connais intimement me citait ce mot qui est du saint Dom Bosco, paraît-il : Une œuvre qui ne produit pas de prêtres, n'aboutit pas à grand'chose. — Ce saint prêtre a bien prouvé l'excellence de ses Œuvres d'adoption par la multitude de prêtres qu'elles ont produits.

« Au milieu des croix qui ne manquent pas, je me réjouis de voir combien les plus vraies Zélatrices se donnent à la prière, à la souffrance et selon l'occasion à quelques actes pour obtenir de Dieu de bons prêtres.

« On gémit de voir que les familles de la bourgeoisie et de la noblesse ne donnent pas assez de vocations à l'Eglise. Maintenant que cette vocation conduit très rarement aux honneurs et à la fortune, elles regardent trop une vocation sacerdotale comme une carrière sans issue, une fortune manquée, une déchéance. Et ces grandes familles autrefois forçaient les portes du sanctuaire pour leurs cadets, quand on y trouvait les distinctions et les gros revenus !

« Or, combien de fois ne voyons-nous pas déjà que les mères et les sœurs les plus adonnées à la vie intérieure, mettent une telle vocation pour l'un des leurs au-dessus de toutes les espérances ! Elles y travaillent discrètement et la préparent de loin. Presque toutes les familles devraient être assez nombreuses et assez chrétiennes pour donner quelques vocations sacerdotales ou religieuses. Or rien n'y contribue plus efficacement que le milieu de la famille quand il est favorable pour une telle éclosion, quand il y a le sérieux de la vie avec beaucoup d'affection, rien d'énervant ni de sentimental, l'amour se confondant avec le devoir, les plus forts dévoués aux plus faibles, la foi exerçant sur tout une domination incontestée, les enfants grandissant sans se douter que l'atmosphère de la famille puisse ne pas être très pure, le respect vraiment filial de toute supériorité, quelque prédilection pour les personnes âgées : voilà un ensemble qui se confond avec tous les éléments de la piété. Voilà comment les vocations peuvent se former dans le sein de nos familles ; mais ce n'est que l'un des moyens nombreux de travailler pour le sacerdoce.

« Il y a encore le travail mystique, c'est-à-dire consistant uniquement dans les actes de la vie spirituelle qui se passent entre l'âme et Dieu, les prières les plus ferventes qui finissent par faire violence au ciel, les souffrances et les immolations à cette intention.

« En général, on doit dire que nous avons les chefs que nous méritons. Il est bon de se rappeler humblement cette loi générale afin de nous humilier nous-mêmes si nous croyons remarquer les défauts ou même les désordres de nos supérieurs, au lieu de récriminer et d'augmenter le scandale en prétendant le combattre.

« Je ne cite comme exemple, et même plus admirable qu'imitable, que les immolations volontaires allant jusqu'à une sorte de martyre de telle Zélatrice défunte et par-dessus tout à l'intention des prêtres.

« J'ai l'habitude de dire que Dieu, quoique tout-puissant, ne pourrait pas sauver notre pauvre France ni même l'empêcher de périr, s'il n'accordait des grâces exceptionnelles au clergé régulier et séculier. C'est ce qu'il faut acheter à tout prix ; c'est là la plus grande œuvre, d'où dépendent toutes les autres :

d'autant plus que la conspiration satanique est toute-puissante et surtout contre les prêtres, le cléricalisme, les vocations, les séminaires, contre la pureté des mœurs et des doctrines sacerdotales, contre la liberté de l'Eglise dans le choix de ses chefs, etc., etc.

« Le plus grand bien que de vraies Zélatrices feront encore aux prêtres, ce sera le plus souvent sans y penser, ou du moins sans s'en préoccuper, en restant à leur place beaucoup plus fidèlement que trop de dévotes, de la manière la plus humble, la plus obscure, la plus discrète, qui ressemble le plus à la manière des saints Anges[1]. »

Quelques années avant de mourir, en 1891, le Père Rabussier rédigea le Règlement d'une Ligue sainte pour les prêtres[2]; ces quelques pages pleines de doctrine, d'onction et de sens pratique, sont comme le résultat de ses observations et de son expérience. Imprimé après sa mort en vue d'une plus large diffusion, ce règlement a été enrichi d'une bénédiction autographe de Sa Sainteté Pie X.

1. Lettre du 18 Août 1886.
2. La Sainte Ligue du Sacré-Cœur, Association de prêtres pour la liberté et l'exaltation de la Sainte Eglise. Voir à l'appendice.

Mais pour le Père Rabussier, ce n'était là qu'une introduction à quelque chose de plus complet et de plus parfait : l'Association des prêtres du Sacré-Cœur qui devait donner à ses membres, entre autres secours, le bénéfice de maisons de retraite où ils pourraient se retremper un certain temps et mener la vie de communauté avec l'Office du chœur. Le Père Rabussier élabora des projets de règlement pour cette Association ; l'esprit de saint Benoît et celui de saint Ignace y sont très heureusement alliés.

Il n'eut pas le temps d'achever son œuvre ; mais n'est-il pas permis d'espérer que ce qui lui a coûté bien des souffrances ne périra pas, et qu'un jour viendra où Dieu suscitera celui qui aura la mission de vivifier les germes bénis momentanément ensevelis.

CHAPITRE IX

Courses apostoliques. Pèlerinages.

Nous avons essayé de montrer l'action apostolique du Père Rabussier dans la prédication, la direction et sa coopération aux Œuvres que Dieu lui demandait de commencer. Il ne sera pas sans intérêt de remonter le cours des années pour le suivre un peu à la trace de ses voyages. En nous communiquant les pensées que lui suggérait la vue de tant de pays, d'âmes, de mœurs, de besoins divers, etc., il nous révèle à quel point son âme était grande, catholique et française, éprise d'idéal divin, cherchant dans toute leur étendue le vrai, le beau et le bien, pour y ramener toute créature.

Il écrivait à propos d'un ministère donné au Mont Saint-Michel : « Combien souvent j'ai prié Dieu pour obtenir en France une littérature vraiment pleine du souffle du Saint-Esprit ! Nous y sommes si sensibles et il y a eu de telles chutes d'anges dans ce siècle ! La couronne poétique appartient plutôt à l'Ordre bénédictin. Le mauvais esprit des deux derniers siècles en France avait terni tout cela et par le relâchement, et par la raideur janséniste, et par la scission avec les siècles précédents. Oh ! que j'y ai pensé au Mont Saint-Michel en me perdant dans toute la poésie des souvenirs, des sites et de l'architecture bénédictine, et puis dans les communications avec les saints Anges et les grands souvenirs de la France du passé ! Depuis longtemps, on a perdu en beaucoup de choses le secret de la poésie vraiment populaire, surtout dans les arts, et pourtant il y a une grande tendance à le retrouver. Oh ! que j'ai pleuré souvent à la vue de quelques débris sauvagement mutilés des grands monuments de l'Ordre monastique ! Combien les ravages avaient été préparés par les gardiens même de la foi et du sanctuaire !

« J'ai souvent aussi gémi sur l'humiliation de la très sainte épouse de Jésus-Christ, l'Eglise, à qui tant de misères morales sont imposées comme un fardeau d'ignominie, à cause de la misère matérielle[1]. »

Et quelques mois plus tard, sur le même sujet : « Il m'en a coûté autrefois de renoncer à la belle poésie. Voici le centuple de toutes choses dans toutes les harmonies et beautés que le divin Poète se plaît à réunir dans mon apostolat. J'ai tant désiré aussi la résurrection en France de toute poésie chrétienne, ciel et terre, réalité et idéal. Je le demande dans la dévotion aux saints Anges, célestes inspirateurs, à Marie leur Reine en qui, plus qu'en toute autre créature, toutes les harmonies sont rassemblées[2]. »

« Il y a de grandes relations entre certains éléments de l'oraison surnaturelle et les vraies inspirations d'un art élevé. La sainte Ecriture même parle plusieurs fois de l'influence de la musique sur l'art prophétique... L'inspiration dans les arts peut venir plus

1. Lettre du 10 Avril 1877.
2. Lettre du 14 Août 1877.

souvent qu'on ne pense des Anges bons ou mauvais... Je notais aussi, il y a quinze et dix-huit ans, bien des pensées vraies sur la poésie telle qu'elle devrait être, sur le merveilleux chrétien, sur les beautés poétiques des vies des saints en particulier. Je disais à un de nos Pères qui est bon poète combien je désirais et espérais que l'esprit chrétien s'emparerait enfin de la belle poésie française. J'aimais tant, pendant des années, à savourer certaines beautés, par exemple d'Esther et d'Athalie. Oui, nous avons besoin d'obtenir que tous les arts redeviennent la couronne de Jésus-Christ, de la Vierge et des Saints [1]. »

Notre-Seigneur attirait souvent le P. Rabussier à prier pour Paris : « Combien, écrivait-il, dans mon voyage hier et en y entrant j'ai prié pour le pauvre Paris [2]. J'aime à prier quand je suis obligé de passer là où peut-être personne ne prie... J'aime les pèlerinages de Paris : Notre-Dame des Victoires, mon pèlerinage d'enfance ; nos Pères

---

1. Lettre du 4 Septembre 1877.
2. Lettre du 11 Août 1877.

martyrs qui m'ont salué plus d'une fois du doux nom de frère et l'église du Sacré-Cœur à Montmartre[1]. »

Et quelques semaines après : « Je me dis qu'il a fallu creuser jusqu'à cent pieds dans les terres mobiles d'alluvion pour asseoir les fondations de l'église du Sacré-Cœur ; ainsi au spirituel, oh ! qu'il faut descendre et s'abîmer pour trouver les fondations du sanctuaire du Sacré-Cœur à Paris[2] !

« Dernièrement, j'ai cueilli une fleur sur l'emplacement des travaux. Il faut dire que j'aime à avoir de ces petits souvenirs de mes pèlerinages et que j'ai eu longtemps un faible pour la botanique. J'ai choisi la douce-amère à cause du nom. Elle était en pleine fleur[3]. En descendant, je voyais tout près les collines qui dominent les pays de ma naissance et de ma jeunesse. Je les bénissais au nom du Père, et du Fils et du Saint-Esprit[4]. »

En 1877, le P. Rabussier commença à aller

1. Lettre du 31 Juillet 1877.
2. Lettre du 11 Août 1877.
3. Lettre du 31 Juillet 1877.
4. Lettre du 24 Juillet 1877.

plus souvent en Belgique. Des liens de religieuse affection l'unissaient à Mgr Cartuyvels, vice-recteur de l'Université de Louvain.
Il écrivait : « Le lundi 27 [Août], j'étais à
Louvain, visitant toute la grande Université
catholique de Belgique avec le bon Prélat...
Dans l'église des Pères Jésuites, j'ai tenu
dans mes mains le cœur du Bienheureux
Jean Berchmans, admirable enfant de la Très
Sainte Vierge et de la Compagnie, qui était
originaire de ces pays. Avec quel bonheur
je l'ai baisé et présenté à mes deux compa-
gnons (Mgr Cartuyvels et un prêtre de ses
amis). Là, tout à côté, on me montrait la tour
où Jansénius écrivait et préparait tant de
malheurs pour la religion, d'accord avec un
autre hérétique Duvergier de Haurane, abbé
de Saint-Cyran en Berry. Combien deux
hommes qui s'entendent absolument pour un
but unique peuvent faire de mal [1] !

« Le bon Prélat de Belgique apprenant que
j'allais à Beauvais, me parlait beaucoup de
l'antique Abbaye de Royaumont. Il a le goût
de l'art et de la belle antiquité ; il explique

____

[1]. Lettre de Beauvais, 30 Août 1877.

admirablement ces choses-là. Cette Abbaye est pleine des souvenirs de saint Louis ; il s'y retirait souvent pour faire des retraites. Plusieurs traits charmants racontés par Joinville se sont passés là. C'est tout près de Creil, une station où je me suis souvent ennuyé à attendre, et je ne le savais pas ! Il faudrait que les prêtres aient un zèle véritable pour ressusciter les souvenirs des saints... Ce qui reste de Royaumont est magnifique. L'église seule qui avait été construite par l'architecte de Notre-Dame de Paris et qui en était digne, a été détruite par je ne sais quel marquis de la Restauration. C'était tellement solide que la poudre même ne réussissait pas. Il faisait scier les pierres pour les vendre ! Quels grands souvenirs dans tous ces pays ! Je viens de les étudier pendant mes récréations. Oh ! quelle douleur en lisant les vies des saints du pays qui, presque toutes, finissent ainsi : Leurs précieux restes ont été détruits, profanés, brûlés par les protestants, ou bien par les Vandales de la Révolution [1]. »

____

1. Lettre du 31 Août 1877.

Le Père Rabussier fut appelé assez souvent à donner la retraite à la Maison Mère des Sœurs de la Charité de Nevers, à Saint-Gildard. Là, il connut intimement sœur Marie-Bernard (Bernadette Soubirous), la voyante de Lourdes. Nous trouvons dans sa correspondance quelques traces de ses relations avec Bernadette. Etant donnée sa dévotion envers la Très Sainte Vierge, il ne pouvait que s'intéresser beaucoup à cette âme si chère à Marie. Mais plein de respect pour l'attrait dominant de Bernadette : l'humilité et la vie cachée, il ne lui parla jamais des apparitions de Lourdes. « Ce que j'aime le plus en sœur Marie-Bernard, écrivait-il, c'est sa grande simplicité et son horreur pour la représentation. Elle n'a pas peur de moi parce que je ne lui parle de rien d'extraordinaire et que je lui donne quelques petits avis utiles... J'ai vu la blancheur entière de son âme... Elle est conduite par la voie des maladies et des souffrances[1]. » Au mois de Septembre 1878, il eut la consolation, à la fin de la retraite qu'il venait de prêcher à Saint-

1. Lettre du 27 Octobre 1877.

Gildard, d'assister à la cérémonie de profession perpétuelle de sœur Marie-Bernard. Plus tard, après la mort de Bernadette, il laissa voir tout simplement que Dieu lui avait montré quelque chose du secret personnel confié par Marie à sa privilégiée : il pensait que la Sainte Vierge lui avait dit qu'elle serait religieuse, qu'elle souffrirait et qu'elle irait au ciel.

Parmi les villes évangélisées par le Père Rabussier, citons Saint-Amand Montrond auquel il resta toujours attaché de cœur à cause des pieux éléments qu'il avait discernés dès son premier voyage : « Je comprends pourquoi la Très Sainte Vierge aime ce petit coin de terre. Le caractère dominant du pays, même dans les toutes jeunes filles, est très apte à la grande piété et à tous les fruits qu'elle doit porter dans le monde. Il y a généralement un amour vrai de la discrétion avec de la gaieté, beaucoup de cœur ; et pourtant elles ne se livrent pas trop vite parce qu'elles réfléchissent sur leurs démarches. Je suis enchanté de ce bon fond. Que de belles promesses d'une germination de virginité en l'honneur de la Reine des vierges ! Je me demandais, à la clôture de la petite retraite (au pensionnat Saint-Joseph tenu par les Sœurs de la Charité de Bourges),combien il y aurait de fleurs et d'oblations de virginité parmi les personnes qui m'écoutaient [1]... Je suis on ne peut plus content de ce que j'ai trouvé. Les combats directs contre le démon n'ont pas manqué ; mais combien il est vite brisé par la prière [2]. »

Le Père Rabussier eut une dévotion spéciale au grand saint Martin ; il fit, toutes les fois qu'il le put, des pèlerinages soit à son tombeau, soit à Marmoutiers. Il appelait saint Martin « l'évêque père des moines, l'évêque missionnaire qui fut et resta toujours populaire. Dieu, disait-il, l'avait fait le père des Gaules et de la France, jusqu'au moment où des brutes d'enfer ont détruit son sanctuaire [3].

« Combien j'aime ces lieux sanctifiés, ces précieuses reliques, ces racines du présent dans le passé ! Je pensais que les insomnies et les dérangements des voyages de nuit me

1. Une dizaine des jeunes filles qui avaient suivi cette retraite se firent religieuses dans la suite.
2. Lettre du 30 Novembre 1877.
3. Lettre du 2 Novembre 1879.

procuraient la grâce d'un peu d'union avec saint Martin et tant de saints moines.

« Dieu, par une providence admirable, a donné [à saint Martin] l'intuition complète de ce qui était nécessaire pour bien enraciner dans nos pays la pureté des mœurs et la pureté de la foi.

« J'admire sa nombreuse communauté de Marmoutiers, moitié monastique, moitié clergé séculier, ou plutôt l'un et l'autre dans son ensemble, et permettant à chacun en particulier de suivre sa voie, le tout dans une union étroite avec le saint évêque. Lui-même n'avait-il pas été solitaire, moine et père des moines, évêque et missionnaire! » Et faisant allusion à l'œuvre de prêtres qu'il désirait établir, le Père Rabussier continuait : « Une fois une communauté semblable organisée, un refuge est ouvert [au prêtre] dont l'âme a besoin de se retremper six mois ou une année dans la vie commune, sous une Règle appropriée à ses besoins.

« J'ai prié une partie de la nuit Saint Martin de nous pardonner les ingratitudes sans nombre, de ne pas nous quitter. Saint Martin, rendez-nous le vrai peuple chrétien; soyez

encore le maître et le père des générations
de saints prêtres. Sauvez-nous, nous péris-
sons [1]. »

Saint Benoît et ses enfants furent particulièrement aimés du Père Rabussier. Pendant
plusieurs années, il fut souvent appelé à Solesmes, où le Très Révérend Père Abbé Dom
Couturier et l'Abbesse de Sainte-Cécile,
Mme Jeanne Bruyère, l'avaient en grande vénération. Il se dilatait dans ce milieu de ferveur
monastique. « A Solesmes, écrivait-il dès 1880,
les communications spirituelles ont vite
établi une grande intimité. Il y a des éléments
magnifiques de vie intérieure à Sainte-Cécile.
J'ai retrouvé là ce qui est un don de saint
Benoît, l'exubérance spontanée de vie... La
vie bénédictine est particulièrement spontanée, féconde, simple, franche, artistique dans
le meilleur sens [2]. »

Et deux ans plus tard : « A Solesmes, j'ai
compris saint Benoît pour le zèle et la beauté
de l'Office divin, l'honneur à rendre aux reliques, l'amour des monuments sacrés [3]. »

1. Lettre de Marmoutiers, 28 Janvier 1887.
2. Lettre du 8 Mai 1880.
3. Lettre du 8 Octobre 1882.

« Je viens d'étudier beaucoup de choses ayant rapport à la Règle et à l'esprit de saint Benoît. Je vais assister ce soir à l'Office de la nuit, les deux communautés réunies dans la même église, à sainte Cécile [1]; je dirai ensuite mes trois messes à partir de deux heures du matin [2]. »

Voici les réflexions que la lecture de la Règle de saint Benoît suggérait au Père Rabussier : « [Je remarque] dans une Règle si courte la grande place occupée par l'Office divin. J'admire partout cette fermeté pour quelques points essentiels et tant de largeur pour le reste. [C'est] l'opposé de l'esprit féminin qui aime à donner de grandes proportions aux détails et aux minuties et à prendre les grandes choses mesquinement, par les tout petits côtés. Combien le saint Patriarche ouvre toutes larges les sources des Ecritures et de la Tradition ! Avec quel respect il parle des Conférences des Pères du désert et de la Règle de saint Basile !

1. Depuis l'expulsion de 1880, les moines dispersés dans les maisons du village célébraient leurs Offices à l'église paroissiale. Mais pour les Offices Pontificaux, ils se rendaient à l'Abbaye de Sainte-Cécile et, groupés dans la nef de l'église extérieure, chantaient alternativement avec les Moniales.
2. Lettre du 24 Décembre 1882.

« On pourrait remarquer, dans tous ces traits, la discrétion que ce grand saint appelle la mère des vertus.

« Plusieurs expressions que le Saint affectionne rappellent l'idée d'une école où l'on étudie, puis celle des exercices militaires. Je pensais à ces colonies agricoles et militaires des anciens Romains, d'où est sorti saint Martin par exemple, à la puissante discipline de ces conquérants du monde. Ainsi les fils de saint Benoît doivent-ils étudier la vie intérieure (les enseignements spirituels des Pères de l'ascétisme primitif et des divines Ecritures); puis ils s'exercent à *militer* sous les ordres de Jésus-Christ.

« Le Bréviaire de tous les prêtres et de tous les Ordres religieux est sorti des abbayes bénédictines et du cœur de saint Benoît. Ce seul trait, entre vingt autres, me montre ce que peut faire saint Benoît pour perfectionner le clergé séculier[1]. »

Après avoir donné les *Exercices spirituels* aux Pères, il écrivait : « Dom Guéranger a eu vraiment un don de Dieu. Il a voulu par-

---

1. Lettre du 29 Décembre 1882.

dessus tout ressusciter le moine bénédictin ;
je puis dire que c'est ce dont je viens d'être
témoin. On s'applique le mieux possible et
par-dessus tout aux choses essentielles où
on doit puiser l'esprit de saint Benoît. Tout
tend à donner une âme à l'Office divin, les
études, les méditations, les enseignements,
la vie de famille ; rien de ce qui peut l'empêcher n'est admis en principe[1]. »

Le Père Rabussier resta toujours très attaché à Solesmes. Lorsqu'en 1893 les deux
abbayes si florissantes furent cruellement
éprouvées et passèrent par la flagellation
des langues, il les défendit de son mieux
« même par devant l'envoyé du Pape[2]. »

Au mois de Septembre 1883, le Père Rabussier eut l'immense consolation de faire
sa retraite à Manrèse avant de donner les
Exercices spirituels aux Bénédictins de Saint-
Dominique de Silos. Dieu permit qu'il ren-
contrât la maladie en Espagne, et ce fut
grâce à son courage, soutenu par une assistance de la Providence, qu'il put mener à

1. Lettre du 29 Décembre 1882.
2. Lettre du 2 Janvier 1894.

bien ces deux retraites malgré de continuelles douleurs de tête qui ne lui laissaient de
repos ni jour ni nuit.

L'année suivante, il retourna en Espagne
pour donner la retraite aux Pères des Sacrés-
Cœurs (Picpussiens) de Miranda. Les mena-
ces de choléra lui valurent huit jours de
réclusion au Lazaret d'Irun. Il écrivait de
Loyola : « Après les huit jours de Lazaret, c'est
un vrai repos pour moi de prier pendant deux
ou trois jours et dans la maison de saint
Ignace. Je dis tous les jours la sainte Messe
à l'endroit même où le saint fondateur se
convertit. Le premier jour, je l'ai dite à une
heure de l'après-midi en arrivant, je n'ai
pu me décider à rompre le jeûne pendant le
voyage... Combien tout me parle de la Très
Sainte Vierge[1]. » Et après avoir rappelé les
principaux traits qui unissent saint Ignace et
la Compagnie de Jésus à Marie, il ajoute :
« L'année dernière dans mare traite à Manrèse,
j'avais surtout compris deux choses : Que la
Compagnie est née du Cœur de Marie, puis
que l'amour de Notre-Seigneur consiste prin-

---

1. Lettre de Loyola, 10 Octobre 1884.

cipalement dans la vie intérieure et l'humiliation. Ici, je vois que, avec Marie et la vie intérieure, il faut avoir confiance... Partout, je vois avec bonheur les images des Sacrés-Cœurs. Dans le sanctuaire même de la conversion de saint Ignace, ce sont les images de Jésus et de Marie tenant leur Cœur dans leur main. Dans une chapelle attenant à celle-là, deux tableaux où chacun des Sacrés-Cœurs est brodé en soie. Dans l'église, de chaque côté de l'autel où est la grande statue d'argent de saint Ignace, deux autres autels principaux avec deux statues semblables du Sacré-Cœur de Jésus et du Saint Cœur de Marie. Auprès, il y a de belles mosaïques en marbre et entre autres les deux Cœurs avec leurs insignes. Dans la chapelle intérieure de la communauté, l'autel est orné des deux Cœurs, et de chaque côté il y a les tableaux de Jésus et de Marie présentant leur Cœur [1]. »

---

1. Loyola, 10 et 11 Octobre 1884. A cette époque, le Père Rabussier traversait la crise la plus pénible au sujet de l'Œuvre des Zélatrices des Sacrés-Cœurs. Là est, pensons-nous, la raison pour laquelle la rencontre des images des Sacrés-Cœurs dans un sanctuaire de la Compagnie, lui était une consolation.

C'est durant ce voyage que, se trouvant à Miranda le 2 Novembre, le Père Rabussier bénéficia du privilège qui permet aux prêtres de ce pays de dire trois Messes des morts au jour de la Commémoration des défunts. « J'ai eu le bonheur, écrivait-il, de dire mes trois Messes des morts à Miranda. Notre-Seigneur m'a fait comprendre très intimement cette vérité que la digne action de grâces d'une Messe et d'une Communion, c'est une autre Messe et une autre Communion ; que le ciel consiste à toujours communier et sans plus rien qui sépare de Notre-Seigneur Jésus-Christ. Il y a une différence immense entre comprendre une vérité par le raisonnement et en être pénétré et rempli par une grâce très profonde[1]. »

Le Père Rabussier, qui aimait tant à vénérer les reliques des saints, pria bien souvent à Caen près des restes du Père Eudes, depuis béatifié, et qu'il honorait comme le précurseur de la dévotion aux Sacrés-Cœurs de Jésus et de Marie avant la Bienheureuse Marguerite-Marie. Et il notait ces paroles de l'inscrip-

______

1. Notes du 2 Novembre 1884.

tion placée sur ces restes vénérables : « *Sacratissimis Cordibus Jesu et Mariæ totis animæ medullis devotus*. Dévoué aux Sacrés-Cœurs de Jésus et de Marie, tout entier et du fond de l'âme [1]. »

Signalons encore deux pèlerinages à la Louvesc (1888-1891). Le Père Rabussier s'affectionna particulièrement au grand apôtre du Velay, saint François Régis. Il était ravi en voyant avec quelle foi les pèlerins accourent à son tombeau pour obtenir les plus précieuses faveurs, soit temporelles, soit spirituelles. Il écrivait de la Louvesc en 1888 : « On peut remarquer que les apôtres qui ont été comme enterrés de leur vivant dans le plus d'humiliations et d'obscurité sont ceux qui en ont été le plus récompensés par un apostolat posthume. Depuis deux cent cinquante ans, saint François Régis continue sans interruption ses Missions dans ce pays-ci et dans des provinces plus éloignées par ses miracles si nombreux et si éclatants, par les grâces qui

---

1. Notes du 29 Décembre 1884. C'est dans la chapelle des religieuses de la Charité, fondées par le Bienheureux Père Eudes, que se faisaient à Caen les réunions mensuelles des Zélatrices et leurs retraites.

attirent à son tombeau tant de milliers de pèlerins[1]. »

Il alla souvent à Lourdes et c'est surtout pour la France qu'il priait la Vierge immaculée. En 1887, lorsqu'il y passa plus d'une semaine, il écrivait : « Le salut de la France catholique ne peut se faire que par la Très Sainte Vierge. A Lourdes, Marie nous montre assez qu'Elle l'a entrepris ; c'est ainsi qu'Elle se montre Notre-Dame de France. Je suis profondément convaincu de deux choses : d'abord, que la France est humainement perdue comme nation ; que la Providence ordinaire ne peut pas suffire à nous sauver de la ruine et de la mort ; qu'il faut une Providence extraordinaire, comme quand Dieu suscita Jeanne d'Arc et plus encore. Mais en même temps, j'aime à penser que Marie ayant entrepris d'être le missionnaire de la France à Lourdes, Elle réussira dans sa mission. La France ne peut être sauvée qu'en redevenant catholique. Cette conversion dans les idées, dans les mœurs, dans les lois sera l'œuvre de celle qui a dit : Je suis l'Immaculée Concep-

---

1. Lettre de la Louvesc, 7 Juillet 1888.

tion. Ce sera son plus grand miracle. Il me venait à la pensée aujourd'hui que Notre-Dame de Lourdes n'a pas son divin Enfant dans ses bras parce que l'enfant pour lequel elle prie et elle pleure c'est nous, c'est l'Eglise catholique [1]. »

En 1889, le Père Rabussier passa six semaines en Angleterre pour divers ministères, en particulier à l'Abbaye de Stanbrook. « Tout' va bien, écrivait-il de Cantorbéry, printemps délicieux, traversée très douce, pèlerinages qui me vont au cœur, à Cantorbéry, au berceau de la conversion des Anglais, à Saint-Thomas de Cantorbéry... Malgré tout, c'est la tristesse au fond du cœur, à cause de la mort, je veux dire du protestantisme [2]. » Et de Londres, il ajoutait le 9 Juin : « Je suis rempli du souvenir du pèlerinage que je viens de faire à la Tour et à Tyburn en mémoire d'un si grand nombre de martyrs depuis Henri VIII. Je suis porté à croire que bien des choses se préparent pour ce grand pays [3]. »

1. Lettres des 28 et 30 Mai 1887.
2. Lettre de Cantorbéry, 9 Mai 1889.
3. Lettre de Londres, 9 Juin 1889.

Il retourna encore une fois en Angleterre au mois de Juillet 1893, pour une autre retraite aux Bénédictines de Stanbrook. Cette Abbaye a gardé un souvenir plein de reconnaissance du bien que lui a fait le Père Rabussier. Nous donnons la traduction de quelques extraits du texte anglais de la lettre qui nous a été adressée :

« Dès l'abord, on nous avait signalé le Père Rabussier comme un très saint Jésuite, connu pour être surnaturellement doué par Dieu en diverses manières, et comme un homme instruit, au commerce le plus attrayant et le plus capable de gagner les âmes à Dieu.

« Lorsque, au mois de Mai 1889, nous le connûmes personnellement à Stanbrook, il nous parut évident que tout ce qui nous avait été dit de lui était vrai, ou plutôt était bien dépassé par la réalité, par cette simplicité, cette cordialité, cette bonté paternelle qui accompagnaient toujours et rehaussaient en lui toutes les manifestations des dons nombreux de la grâce et de la nature dont Dieu l'avait enrichi. Sa puissance naturelle de pénétration, son excellent jugement ou « bons sens » (comme nous aimons à dire en anglais) étaient chez lui des traits si habituels et si caractéristiques, qu'il était généralement assez difficile de définir, lorsqu'on parlait avec lui à cœur ouvert, ce qui devait être strictement attribué à l'illumination d'en Haut, surtout lorsqu'il s'agissait d'une chose possible ou d'une probabilité future. Sa simplicité d'enfant et sa profonde humilité l'aidaient étonnamment à voiler tout ce qu'il désirait cacher de son pouvoir secret auprès de Dieu et selon Dieu. Quelle que fût la manière employée par lui pour conseiller et avertir, nous pourrions toutes rendre témoignage d'avoir été aidées par ce saint homme et d'en avoir retiré ce secours inestimable pour l'âme, appelé la direction solide et pratique, qui laisse l'esprit en sécurité et en repos tant que l'on suit l'avis donné.

« Le sujet de ses instructions au mois de Mai 1889 fut surtout l'*esprit de foi*, sujet qu'il expliqua et développa d'une façon tout à fait nouvelle pour son auditoire et très encourageante. En 1893, le thème de la retraite peut se résumer en ce texte : « *Hæc est voluntas Dei sanctificatio vestra.* » En l'une et l'autre occasion, nous fûmes surprises d'entendre un Jésuite s'exprimer tout à fait comme l'eût fait un moine au sujet de la vie bénédictine et de ses principes, nous citer des passages textuels en latin de notre sainte Règle, lorsque cela était nécessaire, avec un à-propos, une facilité, une grâce qui témoignaient d'une profonde estime et d'un discernement clair-voyant au sujet du sens le plus délicat de certaines phrases. En cela, il suivait l'ensei-gnement évangélique se faisant « tout à tous. » Madame l'Abbesse nous dit de plus que dans plusieurs conversations avec lui, elle avait remarqué la facilité et la précision avec les-quelles il pouvait parler librement et sans contrainte de l'esprit et de la lettre d'autres Règles et d'autres Ordres et ceci d'une façon tout à fait extraordinaire. Elle observa le même discernement clair, profond, exact des personnes et des événements en l'entretenant de différentes affaires de la plus haute im-portance à cette époque, soit pour l'Eglise en France et en Angleterre, soit pour les affaires monastiques en ce pays ou en d'autres encore. Il s'exprimait alors en peu de mots, sim-plement et naturellement, mais avec une humilité et des clartés de foi que seule peut donner une vraie et profonde sainteté.

« Soit en public, soit en particulier, il parlait de « l'extraordinaire » comme d'une chose à éviter et peu désirable. La sainteté dont il aimait à parler était la « sainteté ordinaire »; toutefois, sa manière de l'interpréter faisait assez connaître le désir qu'il avait que les âmes dirigées par lui ne se contentassent pas des demi-mesures au service de Dieu.

« Avec grand respect et par ordre de ma mère Abbesse, la très Révérende Mère Cécile Agnès Heywood, je signe ces quelques notes en ce vingt-troisième jour de Mars de l'an de Notre-Seigneur mil neuf cent onze.

Sœur Benedicta Fernanda W. Ansty,
O. S. B.,
Secrétaire et Conseillère.
Abbaye de Stanbrook. Worcester. Angleterre.
De la Congrégation anglaise de l'Ordre de saint Benoît. »

CHAPITRE X

Dernières années.
Maladie et mort.

Nous arrivons au terme de la vie du Père Rabussier. Les rayons du soleil de la grâce si doux et si purs à l'aurore de son existence, si resplendissants au midi de sa carrière apostolique, vont empourprer du feu brûlant de l'amour ses dernières années.

C'est au tombeau de saint François Régis que le Père comprit qu'il ne devait plus vivre que d'amour.

Il fit deux retraites à la Louvesc, en 1888 et en 1891. Il écrivait lors de la première : « Tous les *Exercices* de saint Ignace aboutis-

sent à l'amour. » Et il l'expliquait ainsi :
« *Première semaine.* La seule fois qu'il soit
parlé de demander la crainte de l'enfer (crainte
servile) c'est afin que, si l'amour n'était pas
assez fort, au moins la crainte me retînt pour
ne pas offenser Dieu. Tout tend à la contrition parfaite, c'est-à-dire inspirée par la charité, et à la componction.

« *La seconde semaine*, ou voie illuminative, consiste tout entière à avancer dans la
connaissance, l'amour et l'imitation de Notre-
Seigneur Jésus-Christ. Le Règne, type des
contemplations suivantes, a pour but l'amour
de fidélité, de générosité, de sacrifice.

« *Troisième semaine :* amour de compassion et de sacrifice.

« *Quatrième semaine :* amour de reconnaissance, de donation mutuelle, de jubila-
tion, d'union qui devient le couronnement
de tout dans la *Contemplation de l'amour divin.* Partout, amour intérieur, amour pratique, loi intérieure d'amour et de charité que
le Saint-Esprit a coutume d'écrire et de graver dans les cœurs.

« [Le] caractère d'amour domine dans tout
ce qui est dit de la consolation spirituelle. Or,

Rabussier. 14

l'amour est encore plus grand quand on observe ce qui est recommandé pour le temps de la désolation spirituelle. C'est cette fidélité qui conduit le mieux à l'union [1]. »

En 1891, il retrouve la même grâce. Il notait les lignes suivantes :

« [J'ai] compris que toute victoire du combat spirituel, pour moi, devait se réduire à quelque acte d'amour : victoire pour porter une croix, surtout les petites croix habituelles ; victoire pour résister même à une tentation d'un instant. Même dans mon oraison, le fruit principal a ordinairement pour dernière expression des actes d'amour. Par exemple, aimer la volonté de Dieu toute paternelle, miséricordieuse, infiniment sage pour arriver à ses fins contre toute prévision humaine, infiniment puissante.

« Cette sorte d'actes, qui paraît si simple, c'est une mine inépuisable. Je découvre même des choses auxquelles je suis étonné de ne pas avoir encore pensé ; ainsi dans Notre-Seigneur ou sa Très Sainte Mère, à considérer tel motif en particulier, ceci ou cela à

____

1. Notes de la première retraite à la Louvesc.

aimer, et avec d'autant plus d'empressement que je ne l'avais pas encore fait aussi expressément. L'avantage de cet acte, autant que le divin Esprit en donne l'attrait, c'est qu'il pénètre tout, et si simplement : le ministère près des âmes, la prédication, même les récréations. Il s'applique aussi à chaque vertu, selon la variété des circonstances : j'aime cette croix, j'aime la prière, l'action de grâces, la Règle, la Communauté, toute la Compagnie. J'aime tel saint, tous les saints. J'aime cette petite humiliation, les humiliations de toute ma vie, etc. J'aime cette prière de l'Eglise à mesure que je la récite, ces prières de la Sainte Messe, l'Elévation, la présence réelle, cette intimité, j'aime l'amour, la Communion, etc.

« Les meilleures pensées d'humilité, de contrition, sans cet amour actuel et dominant, me faisaient du mal et m'affaiblissaient. Avec cet amour, elles me fortifient et éclaircissent tout.

« Je puis me promener pour ainsi dire dans toute la création, dans un moment de recueillement et de repos : je n'ai pas encore aimé Notre-Seigneur présent dans cette chapelle, sous ce clocher, Dieu dans cette fleur, dans la journée qui commence.

« Je découvre pour ainsi dire que le dernier mot de chaque ligne des *Exercices* de saint Ignace, c'est aimer. Cet attrait n'empêche pas de recevoir les lumières, mais chaque lumière est lumineuse et ardente. Il y a d'autres actes nécessaires, même dans l'oraison, mais ils ne finissent bien qu'en aimant quelque chose de Dieu, des Sacrés-Cœurs et des saints[1]. »

La retraite de 1892 confirme encore le Père dans son attrait de tout ramener à l'amour. Il résume toutes les lumières reçues, dans la *Contemplation ad amorem*. Pour lui, elle est un miroir fidèle dans lequel il voit tout l'ensemble de sa vie intérieure. Il retrouve dans les trois premiers points le moyen de chanter à Dieu son amour et de faire les actes d'amour dont il nous a déjà parlé : « Les exercices spirituels et les sacrements, la sainte Messe, les saints et tel saint en particulier, les Anges, mon saint Ange gardien, la Communauté, la Compagnie, mes emplois

---

1. Notes de la retraite de la Louvesc, 1891.

et mes ministères, mes Supérieurs et l'obéissance, mon corps, mon âme, tout mon être spirituel et surnaturel ;» il change tout en amour.

Il voit encore dans la *Contemplation ad amorem* quelque chose comme les degrés de l'échelle de Jacob : *Ascensus mentis in Deum.* Il sent le « besoin de tout ramener à l'objet aimé, de le voir en toutes choses. » Tout lui « parle de Dieu présent, agissant en tout, et *tout* le ravit en Dieu. » Tout « le chante, car tout amour chante et veut tout donner avec lui : *Gloria Patri, Alleluia.* » Et ce Dieu qu'il chante, Il est « l'Etre, lumière, nourriture, harmonie, immensité, vie et fécondité, beauté, bonté, miséricorde[1]. »

Les personnes qui ont connu le Père durant les dernières années de sa vie ont bien observé en lui cet attrait dominant de tout ramener à l'amour. Soit qu'il donnât des retraites, soit qu'il écrivît des lettres de direction, on y trouvait ce cachet très spécial. Il est vrai qu'il ne cessait pas pour cela de parler des grandes vérités, qu'il n'oubliait jamais les voies purgative et illuminative ;

---

1. Retraite de 1892.

mais là encore, on sentait bien que l'amour était à la clé, dirigeait tout.

« Je vous recommande, écrivait-il à une religieuse, pour trouver vos péchés dans vos examens, de regarder Jésus-Christ comme on regarde un miroir. Ce sera clair, calme, surnaturel, encourageant. Il y a deux maniè-res de fuir la tentation, la regarder pour avoir peur et se sauver, ou bien regarder Notre-Seigneur pour être attiré vers Lui. Préférez celle-ci.

« On peut toujours progresser en pureté et en virginité, écrivait-il encore, non pas en lavant sans fin, mais en s'unissant de plus en plus à Notre-Seigneur, source de pureté infinie. C'est ce qui fait que la Très Sainte Vierge, étant Mère de Dieu Notre-Seigneur, lui est unie d'une manière incompréhensible, et est d'une virginité au-dessus de toute virginité.

« Il n'y a pas de plus grand amour de Notre-Seigneur que de pratiquer avec générosité, constance et discrétion le *troisième degré d'humilité*. Le dernier terme et aboutissant des Exercices de saint Ignace, c'est le troi-sième degré d'humilité. Le troisième degré d'humilité ou l'amour pur, c'est tout un.

« De même que la plus grande marque d'affection dans la famille, entre amis, c'est l'embrassement, ainsi avec Notre-Seigneur, la plus grande marque d'intimité, c'est d'embrasser la croix, c'est d'embrasser quelque chose du troisième degré d'humilité. Là, embrasser ne signifie rien dont jouisse l'imagination, c'est pleinement spirituel. Embrasser, signifie s'unir et adhérer tout entier à une croix par la foi vive. »

Il montrait ensuite la récompense :

« Pour qui Notre-Seigneur a-t-il plus de caresses ? une familiarité excessivement étonnante, comme dit le livre de l'Imitation ? Pour les petits. Soyez, dans l'amour de Notre-Seigneur, comme un petit enfant d'une excellente mère ; son cœur a déjà l'âge de raison, sa tête pas encore tout à fait. Aussi aime-t-il beaucoup plus qu'il ne raisonne et le peu qu'il raisonne est si simple ! J'aime parce que j'aime, parce que c'est ma mère et qu'elle est tout pour moi, etc. Voyez comme c'est simple. Heureux les tout petits[1] ! »

Cependant, la santé du Père Rabussier

---

1. Lettre du 8 Décembre 1892.

déclinait sensiblement; sous des apparences assez robustes, il avait réussi à cacher des souffrances continuelles, mais son tempérament commençait à s'épuiser. Ses nombreux voyages, ses ministères, ses mortifications, ses peines de tous genres finirent de ruiner de plus en plus ses forces. Au mois d'Octobre 1891, il dut subir, chez les Frères de Saint-Jean de Dieu, une petite opération : il s'agissait de lui enlever une tumeur qui peu à peu s'était formée au front à la suite d'un choc reçu en chemin de fer cinq ans auparavant. Tandis qu'il revenait d'une mission en Bretagne, son train en cours de route en avait heurté un autre et le Père s'était estimé heureux d'en être quitte pour une contusion à la tête à laquelle il n'avait pas fait attention. On s'aperçut que ce qu'il appelait « un bobo » était de mauvaise nature et serait devenu cancéreux. L'opération, très bien réussie, éprouva le Père et on constata qu'il n'était pas aussi résistant qu'il le paraissait. Quelques mois plus tard, au début de 1892, son Supérieur, le P. de Gabriac, le trouvant fatigué, s'alarma de le voir continuer ses voyages et prédications; avec une grande bonté, il lui imposa un mois de repos. Il était temps de prendre cette précaution ; déjà se dessinaient nettement des symptômes peu rassurants de paralysie progressive.

En Septembre 1892, le Père quittait Rouen pour Angers dont le climat lui fut plus favorable. Il exerça la fonction de Père spirituel et, en cette qualité, adressa les exhortations domestiques aux Pères de la résidence et à ceux du Troisième An. Il en fut extrêmement heureux parce que, disait-il, « j'ai l'occasion d'étudier encore plus à fond l'Institut de saint Ignace. » Il s'occupa aussi de plusieurs œuvres, en particulier de l'Œuvre des Campagnes. Deux ans après (Septembre 1894), l'obéissance lui donnait la même charge de Père spirituel à Versailles.

Parmi les joies que Dieu réserve quelquefois aux âmes parfaitement détachées de la terre, l'une des plus délicates est celle de revoir, au soir de leur vie, les lieux témoins des premiers appels de la grâce et d'y retrouver des personnes chères. Le Père l'éprouva en arrivant à Versailles où ses anciens condisciples du Grand et du Petit Séminaire lui firent le plus cordial accueil.

Bien que sa santé déclinât de plus en plus, il ne laissait pas pour cela de continuer ses courses apostoliques, donnant presque sans s'interrompre missions et retraites. Cependant, le Maître intérieur l'avertissait fortement de sa fin prochaine. On trouve, parmi ses notes spirituelles, des paroles comme celles-ci qu'il attribuait à son Ange gardien : « *Tempus resolutionis meæ instat* » (1894); « *Brevi finietur* » (16 Décembre 1894); « *Sed præmium mortis sacræ, perennis instet gloria* » (1895).

Dès le commencement de 1895, il eut des crachements de sang à peu près continuels. Ses ministères l'ayant rapproché de Lourdes, ses Supérieurs lui permirent d'aller s'y reposer trois jours. Il écrivait le 23 Janvier : « Je termine ce soir les trois jours qu'on a eu la bonté de me donner à Lourdes. Ce qui a dominé, c'est : *Qui edunt me adhuc esurient.* Impossible de me rassasier de l'oraison du pèlerinage ; plus je recevais avec abondance, plus j'avais encore faim. — Un autre trait, c'était la prière, la demande indéterminée,

large, entraînante, comme un beau fleuve.
C'est étonnant la masse de prière qui jaillit
de Lourdes ; c'est l'une des grandes sources
de salut... Pour moi, c'était la prière coulant
comme de source.

« J'ai soumis tout et toutes sortes de détails
à Notre-Dame, Reine et Mère immaculée.
Les réponses de différentes sortes étaient
comme pour un fils revenant de loin sous le
toit maternel.

« L'émotion profonde était toujours très
proche ; mais il m'était assez facile de ne pas
aller jusque là, et c'était mieux.

« J'ai mieux vu comment je suis donné
à Pierre, comment l'Immaculée donne la
main à l'Infaillible [1]. »

Il trouva près de Notre-Dame de Lourdes, avec l'abondance des consolations spirituelles, une sensible amélioration dans sa
santé. Il but à discrétion de l'eau miraculeuse et le troisième jour, les crachements
de sang avaient disparu. Mais, hélas ! ce
mieux ne fut que momentané ; le mal repa-
rut pendant le Carême qu'il prêcha à
Mayenne.

1. Lettre du 23 Janvier 1895.

Il y avait à ces crachements de sang une cause que l'on devait bientôt découvrir. Au mois d'Août précédent, pendant qu'il donnait une retraite chez les Dames de l'Assomption, un abcès se forma au milieu du dos. Le dégoût de toute nourriture et un mal de tête continuel firent croire au Père qu'il ne s'agissait que d'une simple attaque d'influenza. Mais ses souffrances augmentaient toujours. Il se rendit alors chez les Frères de Saint-Jean de Dieu pour se faire soigner. On dut recourir à une véritable opération. La source de l'abcès était voisine de la colonne vertébrale et de la pointe du poumon. Il raconta que ce qui l'avait le plus touché pendant cette opération douloureuse qui dura un grand quart d'heure (on regretta de ne l'avoir pas endormi) c'était de voir « comme Marie notre Mère adoucit tout. » Il s'encourageait aussi en pensant à la flagellation de Notre-Seigneur et aux souffrances des Martyrs.

L'année 1896 marqua encore une nouvelle aggravation dans l'état de santé du Père. Plus sérieusement menacé que jamais de congestion cérébrale, il dut modifier ses habitudes de travail assidu, se borner à l'indispensable en fait d'écritures et prendre plus d'exercice. Seuls des crachements de sang détournaient par moments le danger de congestion, mais d'une manière bien alarmante. Dans la prostration unique en son genre qui accompagne ce mal, le Père disait qu'il ne faut pas attendre la maladie pour rattraper le temps perdu en fait de sanctification, car on n'a plus alors, tout juste, que les habitudes acquises.

Ajoutons, pour n'y plus revenir, que l'année suivante, une ancienne maladie de cœur sembla se réveiller : les étouffements l'obligeaient à se lever une partie de la nuit. Le médecin qui l'examina reconnut qu'il y avait danger d'ossification au cœur et voyant son malade prendre la chose avec tant de calme, il l'avertit que cela pourrait aller vite.

Avec un courage qui dut, en plus d'une occasion, être héroïque, le Père ne cessait pas de travailler : ses ministères, moins rapprochés qu'autrefois, étaient cependant encore très fréquents. Jusqu'à la fin, et l'année même de sa mort, il prêcha le Carême. Les âmes si nombreuses qu'il dirigeait, soit dans les Communautés, soit dans le monde, faisaient monter vers Dieu d'ardentes prières pour obtenir la conservation d'une vie si chère. Lui, tellement humble et oublieux de ce qui le touchait, en était, disait-il, « dans la confusion et la reconnaissance » et il prenait « ce bienfait de la Providence comme un encouragement à bien travailler et à bien prier[1]. »

Quelque précaution qu'il prît pour dissimuler le feu d'amour qui le dévorait alors, il ne put cependant réussir à le cacher tout à fait. Au cours d'une retraite qu'il prêchait à Paris à quelques personnes du monde, chez les Dames du Cénacle (Mai 1896), les retraitantes remarquèrent un jour qu'il était comme ravi hors de lui-même et tout transfiguré en commentant ce texte : « *Introibo in potentias Domini.* » Un fait analogue fut observé dans une autre Communauté pendant une instruction sur la charité (4 Mars 1897). Tandis qu'il expliquait ces paroles d'Isaïe : « *Cantabo dilecto meo canticum patruelis mei* » (Isaïe v, 1), il parut tout à coup si resplendissant de lumière que la chapelle, éclairée par une seule lampe à

---

1. **Lettre** du 5 Janvier 1896.

l'huile, fut remplie d'une clarté bien supérieure à celle du soleil. Une autre fois (Septembre 1897), tandis qu'il donnait un ministère dans une communauté, la religieuse qui le servait durant ses repas s'aperçut un jour qu'après sa messe, il ne pouvait se décider à déjeuner et était très ému. Il la dirigeait depuis longtemps et consentit à lui avouer ce qui lui était arrivé, lui défendant toutefois de le révéler à personne au monde. Au « *Dominus vobiscum* » après la Communion, il s'était trouvé dans les bras et sur le Cœur de Notre-Seigneur qui l'embrassait étroitement en lui disant : « Mon ami, restons ensemble. » Le secret confié fut fidèlement gardé et si aujourd'hui cette religieuse veut bien permettre qu'il soit divulgué, c'est uniquement en vue de la plus grande gloire de Dieu.

Le Père ne devait pas terminer sa vie à Versailles : il fut envoyé à Nantes, à la fin de Septembre 1896 et y fut chargé de l'Œuvre des bons Livres; la charité des Supérieurs pensait que cet emploi actif serait salutaire à sa santé. En réalité il y trouva beaucoup de fatigues et, au bout d'un an, il quittait Nantes pour Poitiers. C'est là que Dieu l'attendait pour lui donner la récompense promise au bon et fidèle serviteur, comme le lui avait fait entrevoir la Sainte Vierge plus de quarante ans auparavant.

Ces changements successifs lui furent très sensibles ; mais avec l'empire qu'il avait acquis sur lui-même, il ne montrait jamais plus de sérénité et même de douce joie que lorsque son cœur était brisé par une séparation. Quelques fragments de notes révèlent bien la manière dont il se consolait de tout avec la Très Sainte Vierge : « C'est près de Marie qu'un prêtre, qui, par nature, a besoin de trouver en aimant quelque chose de tendre et de délicat, peut se reposer et même se rassasier... Combien est belle cette virginité des peines du cœur sur la croix ou de la croix du cœur ! C'est dans cette voie que je trouve le secret de prier davantage et de garder le plus pur esprit de foi dans les grandes peines... Il est impossible de trouver une peine ici-bas que Marie ne sache adoucir... Les croix seules suffisent pour rattacher à la terre. Alleluia [1] ! »

-----

1. Notes de 1896 et 1897.

La Providence réservait encore d'autres consolations au Père Rabussier pour la fin de sa vie. Il entra en relation avec plusieurs Abbayes Cisterciennes et avec les Chanoines Réguliers de l'Immaculée Conception. Il avait toujours aimé les moines : leur simplicité tout évangélique dilata encore une fois son âme ; lui dont la nature avait un côté si religieusement artistique, tressaillit de bonheur au spectacle incomparable des beaux Offices du chœur qui lui faisaient penser à la « *Laus perennis* » du ciel.

A la fin de 1896, ayant donné la retraite aux Trappistines de Maubec, il fit à cette occasion une visite à la Trappe d'Aiguebelle. « J'ai été très content, écrivait-il, de mon excursion à Aiguebelle. Combien ces bons religieux de la Trappe aiment les Pères Jésuites à cause de la spiritualité de saint Ignace[1] ! »

L'année suivante, au mois de Septembre, il prêcha les saints Exercices aux Trappistes de Chambarand (Isère) ; il s'était déjà lié précédemment d'étroite amitié avec leur nouvel Abbé, Dom Jean-Baptiste Chautard. Il apprécia

---

1. Lettre du 1ᵉʳ Novembre 1896.

Rabussier.   15

tout de suite en Dom Chautard une âme élevée,
un grand cœur, une rare entente des affaires;
il admirait comment, au milieu des plus graves préoccupations extérieures, le R^me Père
Abbé savait mettre « passionnément le spirituel au-dessus du reste. » De son côté,
Dom Chautard s'attacha au Père Rabussier
comme un vrai fils; il goûtait ses conseils et
admirait ce Jésuite qui savait à l'occasion se
faire moine, occupant dignement sa stalle et
suivant les Offices du chœur, même ceux de
nuit, avec une aisance qui surprit agréable-
ment les religieux. Voici en quels termes il
exprime l'impression profonde que lui fit le
Père Rabussier : « A mon avis, le secret de
la sainteté du Père était dans son *imperson-
nalité*. « *Vivit in me Christus* » le rendait à la
fois simple et tendre comme un enfant ou une
mère, et ferme comme le granit. Le « moi »
en lui, je l'ai cherché, mais n'ai pu le découvrir.
Tout rayonnait de Jésus dans son jugement,
son cœur, sa volonté, son zèle, etc. Sa tendance à tout ramener dans la vie intérieure à
« l'enfance spirituelle » m'avait singulière-
ment frappé. Il était admirable lorsqu'il montrait toutes les vertus couronnées par une

joie inamissible, réalisées par cette enfance spirituelle bien comprise. Force et tendresse, droiture et humilité, douceur et dévouement, paix et abandon, il faisait tout découvrir aux âmes dans cette pratique suivie. Et l'oraison et l'action, disait-il, devaient s'informer de plus en plus d'enfance spirituelle[1]. »

De Chambarand, le Père Rabussier accompagné de Dom Chautard se rendit à Saint-Antoine, berceau des Chanoines Réguliers de l'Immaculée Conception. « Il y a là, écrivait-il, une magnifique église gothique, érigée en Basilique, avec des reliques sans nombre. Mais le trésor des trésors, c'est le corps entier de saint Antoine, l'un des premiers Pères du désert, l'ami de saint Paul ermite. Ce sont nos premiers patriarches à tous dans la vie religieuse... Là, des grâces de souffrance ont fondu sur moi, et pourtant tout me consolait extérieurement... L'Abbé de la Collégiale, Dom Gréa, m'était connu par son excellent livre : *L'Eglise et sa divine Constitution*. Il est à la tête d'une Communauté de cent Chanoines Réguliers. J'étais ravi de la beauté du chant grégorien et des cérémonies,

1. Lettre du 30 Novembre 1911.

dans une telle Basilique, près de telles reliques.

« Il y a autour de Chambarand et de Saint-Antoine un rayonnement qui attire étonnamment les prêtres séculiers.

« Les Pères de Saint-Antoine ont déjà des paroisses en France et au Canada, partout ils portent avec eux l'Office du chœur de jour et de nuit, avec toute leur vie de Communauté; bientôt, les prêtres du voisinage se laissent entraîner. Tout un canton change ainsi de face[1]. »

Le Père Rabussier était trop près de la Salette pour oublier d'aller y prier pour la France la Vierge de son ordination sacerdotale. Aussi, avait-il commencé par là son excursion dans l'Isère. Il écrivait : « Mon pèlerinage à la Salette, de fait, m'a donné trois jours de prière, parce que je suis monté à pied de Corps à la Salette et j'en suis redescendu de même. Tout le temps, c'était la prière dans la paix, encadrée dans [les] sites de montagnes choisis par notre Mère du ciel... Deux jours avant mon passage, la Salette et

---

1. Lettre du 29 Septembre 1897.

les chemins depuis Corps étaient couverts d'un décimètre de neige. Au contraire, dans mes pérégrinations, notre Mère, admirable dans son indulgence, m'a donné sans interruption un ciel très pur[1]. »

Malgré l'état de sa santé, le Père avait tenu à faire un pèlerinage de pénitence, gravissant à pied et à jeun, après avoir voyagé toute la nuit, la montagne de la Salette, afin de pouvoir célébrer la Messe en arrivant dans le sanctuaire de Marie. Il la célébra, en effet, vers deux heures de l'après-midi. Quelques jours après, il allait de nouveau à Lourdes. On eût dit que, sentant sa fin prochaine, il voulait encore une fois désaltérer sa soif d'amour près de Marie immaculée en attendant qu'il pût s'enivrer sans fin au torrent des délices éternelles.

Il arriva à sa résidence de Poitiers le 9 octobre. Il y était peu connu, bien qu'il eût donné plus d'une fois des ministères dans les couvents de la ville. Quoique déjà très souffrant, il n'en continua pas moins à confesser et à diriger les âmes et il avait même accepté

----

1. Lettre du 29 Septembre 1897.

de divers côtés quelques retraites qu'il se
disposait à donner durant l'hiver. Son Supérieur, désireux de le faire connaître un peu
plus du monde pieux de Poitiers, lui demanda
de prononcer au Carmel le panégyrique de
saint Jean de la Croix, le jour de la fête du
saint, 24 novembre. Le Père n'avait jamais eu
l'occasion de parler de saint Jean de la Croix
et lui qui avait sur tous les sujets possibles
une grande abondance de notes, se trouva
pris au dépourvu. Il dut se mettre au travail
malgré de fortes douleurs de tête. Vers le
milieu de Novembre, il se trouva plus fatigué
et on lui fit consulter le médecin. Le mardi
23 Novembre, tandis qu'il s'entretenait au parloir avec une dame qu'il dirigeait, il tomba
tout-à-coup frappé d'une attaque. Néanmoins,
il put se relever et monter dans sa chambre.
Le médecin, appelé en toute hâte, constata la
paralysie ; sans le traitement que le Père suivait depuis quelques jours, l'attaque eût pu
être foudroyante et la mort instantanée. A
partir de ce moment, il ne quitta plus son lit
et il fut entouré des soins délicats et maternels
que la Compagnie a coutume de donner à ses
enfants malades. Non seulement rien ne lui

manqua de ce qui lui était utile, mais on lui prodigua tous les soulagements inspirés par la plus industrieuse charité.

Craignant d'avoir inconsciemment déterminé l'accident en demandant au Père Rabussier le panégyrique de saint Jean de la Croix, son Supérieur lui en exprimait son regret. Mais le malade le consola, s'estimant trop heureux si cette circonstance avait pu être pour lui l'occasion de sacrifier sa vie à l'obéissance. Et comme le Père Supérieur l'encourageait dans cette pensée, il en éprouva une joie extrême.

Cependant, la maladie faisait de rapides progrès ; dès le 26, bien que le péril ne fût pas immédiat, le Père demanda et reçut avec une très grande piété les derniers sacrements. On pouvait craindre à tout instant qu'il perdît la parole et, il le disait lui-même, « il vaut mieux se préparer à temps. » La paralysie gagnait de plus en plus, la parole devint embarrassée, et comme les mâchoires n'avaient presque pas de mouvement, il fut impossible dans la suite de donner au malade la sainte Communion. L'une de ses souffrances était une soif ardente. Lorsqu'il pouvait articuler quelques mots, c'était pour dire des paroles de foi et de piété : « Je pense, disait-il, à la soif de Notre-Seigneur sur la croix. » Il priait son charitable Supérieur de lui lire le Psaume XLI et il répétait lui-même le second verset qu'il aimait particulièrement : « *Sitivit anima mea ad Deum fortem vivum : quando veniam et apparebo ante faciem Dei*[1]. » Quand on lui demandait s'il désirait quelque chose, il répondait : « Je ne veux avoir aucune volonté, je ne désire rien. » Ce qu'il réclamait sans cesse, c'était l'absolution, ses reliques, son chapelet, de l'eau de Lourdes, de l'eau de saint Ignace. Même dans les moments où il était absorbé et abattu, il répondait toujours aux paroles de foi. Il disait souvent : « Jésus, Marie, Joseph. *Monstra te esse Matrem ; Maria, Mater mea, Mater mea.* Tout ce que Dieu voudra, *in gaudio et amore*[2]. »

Dès le début de la maladie, son Supérieur avait eu la délicate attention d'avertir les personnes les plus attachées au Père et à sa

---

1. « Mon âme a soif du Dieu fort, du Dieu vivant ; quand viendrai-je et apparaîtrai-je devant la face de Dieu ? »
2. Dans la joie et l'amour.

direction. Il y eut alors un concert de supplications pour obtenir une guérison qui aurait permis au vénéré malade de continuer encore à travailler à la gloire de Dieu et au bien des âmes. Le 3 Décembre, fête de saint François Xavier, il y eut une légère amélioration ; mais dès le lendemain, les symptômes les plus alarmants reparaissaient. On espérait encore, contre toute espérance, un miracle de la Sainte Vierge pour la fête de l'Immaculée Conception : Marie qui aimait tant le Père Rabussier et que lui-même chérissait si filialement, ne voudrait-Elle pas lui donner le temps d'affermir des œuvres commencées uniquement pour Elle et encore si frêles ? La fête de l'Immaculée Conception passa et le miracle désiré ne se produisit pas. A l'aurore du 9 décembre (jour où la Compagnie fêtait le Patronage de la Très Sainte Vierge), à 6 heures 55, pendant les prières des agonisants, à ces paroles « *in nomine sanctorum martyrum* », le Père Rabussier rendit doucement son âme à Dieu. Celui qui avait tant répété qu'il « n'était né que pour procurer la gloire de Jésus et de Marie », venait de naître à une vie meilleure.

Encore une fois, Marie n'avait trompé les espérances que pour les dépasser. Au moment où le Père Rabussier rendit le dernier soupir, plusieurs Pères célébraient la Messe ; ceux qui ne l'avaient pas encore dite offrirent aussitôt le saint Sacrifice pour le repos de l'âme de leur Frère défunt.

Le Père laissait la résidence de Poitiers embaumée du parfum de sa piété et des vertus pratiquées durant ces quinze jours de maladie. Ce qui frappa surtout, c'était sa patience, son obéissance, son abandon et par-dessus tout sa tendresse si grande pour la Très Sainte Vierge.

Sa patience. Le Père Ministre, qui ne le quitta presque pas, remarquait qu'on ne l'entendit jamais se plaindre, ni formuler un seul désir. Il ne dit jamais cette parole si naturelle dans la bouche des malades, même très édifiants : « Je souffre. » On reconnaissait qu'il souffrait davantage seulement parce qu'il demandait de l'eau de Lourdes. Plusieurs dames de la ville avaient envoyé de l'eau de Lourdes par litres ; le malade disait au Père Ministre : « Donnez-moi de l'eau de Lourdes à discrétion, à discrétion ; cela ne fait jamais de mal. »

Son obéissance. Quand on voulait le changer de lit (on avait dû se procurer un lit mé-
canique), les infirmiers lui demandaient si
« c'était le bon moment pour lui », il répondait :
« Faites de moi tout ce que vous voudrez, je
ne veux que l'obéissance. » Et son Supérieur
ajoutait : « Tout dans ces quinze jours a été
pieux, édifiant, simple ; aucune marque de
volonté propre. »

On admira aussi *son abandon* au bon plaisir divin. « Quelle paix, disait-on, quelle pos-
session de lui-même ! » Parfois, son Supérieur
lui parlait de ses Œuvres pour voir s'il n'y
aurait pas quelque nuage d'inquiétude et de
regret. Il répondait avec la même paix : « Dieu
y pourvoira. »

Mais ce qui frappa surtout les Pères et les
Frères, ce furent les effusions de sa tendresse
envers la Très Sainte Vierge : « Il débordait
d'amour pour Marie ! » Ne pouvant plus con-
tenir en lui-même, sous l'effort de la souffrance et de l'amour, le flot de sa tendresse
pour Marie, il le laissait couler simplement
dans des paroles de confiance et de filial
abandon qui ravissaient tous ceux qui
eurent le bonheur de les entendre. Selon

l'expression des témoins : « C'était vraiment ineffable. »

Le corps fut exposé dans un parloir de la résidence toute la journée du 10 Décembre et bon nombre de personnes vinrent prier et faire toucher à cette dépouille vénérée des chapelets et autres objets de piété. Il y avait sur son visage une expression de grande douceur et de sérénité, quelque chose de la pureté d'un enfant. On n'eût jamais dit qu'il avait près de 66 ans.

La cérémonie des funérailles eut lieu le samedi 11 Décembre à l'église paroissiale de Saint-Porchaire, située à quelques minutes de la résidence des Pères Jésuites. La Messe fut célébrée par le Père Supérieur. Le temps, très mauvais la veille, était devenu radieux et ce fut sous un ciel d'un bleu admirable que l'on parcourut la distance assez longue qui sépare la ville du cimetière : on eût dit une fête, mais toute de simplicité et d'humilité. Une compagnie de soldats qui faisait l'exercice présenta les armes au passage. N'était-ce pas l'hommage de la France rendu inconsciemment à celui qui avait tant prié et souffert pour sa régénération ?

Le Père Rabussier fut inhumé dans un caveau provisoire, la nouvelle sépulture des Pères Jésuites n'étant pas encore terminée ; il y fut transféré environ six semaines après sa mort.

La Compagnie de Jésus, dans la personne du Révérend Père Platel alors Provincial, lui décerna spontanément un éloge très significatif dans sa brièveté : « Voilà le Père Rabussier dans son éternité après quarante-six ans de bons et dévoués services. Il a beaucoup souffert, mais toujours si religieusement. »

Ajoutons à ces témoignages ceux des deux Provinciaux précédents : « J'ai toujours reconnu dans le bon Père Rabussier un excellent religieux, régulier, humble, doux et modeste.

« Très zélé pour le salut des âmes, il dirigea avec fruits l'œuvre de Saint-François-Xavier à Bourges. Considéré comme un directeur pieux et éclairé, il exerçait une grande et salutaire influence sur les âmes qui lui avaient donné leur confiance. »

« Je le savais homme d'oraison (il devait y consacrer plusieurs heures), très intérieur, très zélé. Ce que je me rappelle fort bien, c'est son désir du meilleur, son amour des âmes qu'il pressait d'aller à Jésus et qu'il voulait généreuses et non mondaines et vulgaires. »

A peine la mort du Père Rabussier fut-elle connue, que de tous côtés arriva l'expression des regrets et de la vénération des âmes qui lui devaient tant. Tout en lui appliquant les suffrages que l'Eglise réclame toujours pour ses enfants défunts, on recourait à lui dans le secret du cœur, se recommandant à sa charité compatissante dont on avait éprouvé tant d'effets ici-bas.

Sans vouloir nullement apprécier les faits et en tirer des conclusions prématurées, nous citons, à titre de documents, quelques manifestations de la gloire du Père Rabussier et de son crédit auprès de Dieu. « Le 9 Décembre 1897, écrit une religieuse, étant à la chapelle de notre monastère et me préparant à l'audition de la Messe et à la sainte Communion, vers 7 heures moins 5, je vis intellectuellement le Père Rabussier rayonnant de joie et de lumière. Il me dit : « Mon enfant, Dieu me « donne la palme du martyre de l'obéissance ;

« quant à vous... » (le Père me dit ici quelque
chose de personnel). A ce moment, je vis
le Père s'élancer dans un chemin lumineux
qui allait de la terre au ciel. En haut de ce
chemin, étaient rangés en bel ordre un grand
nombre d'anges et de saints, surtout des
vierges ; ces dernières portaient dans leurs
mains des ornements sacerdotaux très beaux,
des fleurs, des palmes, des couronnes et je
compris qu'on préparait au ciel une très belle
réception à celui que je vis monter et dispa-
raître bientôt dans un flot de lumière éblouissante.

« Je ne doutai pas alors que le Père Rabussier, qui était très malade depuis quinze
jours, ne fût mort et entré tout droit au
ciel.

« Vers 9 heures du matin, j'appris que le
Père Rabussier avait quitté la terre à
6 heures 55. »

Une religieuse Clarisse de L. qui n'avait
jamais entendu parler du Père Rabussier,
eut au début de l'année 1902 une vue surnaturelle de la Compagnie de Jésus au ciel.
Le Père Jésuite qui la dirigeait vint la voir
quelques jours après et sans être encore

au courant de la vision dont elle avait été
favorisée, il lui montra incidemment une
photographie du Père Rabussier. La religieuse fut saisie en l'apercevant, parce qu'elle
reconnaissait les traits d'un des Pères Jésuites
qu'elle avait vus le plus distinctement dans la
gloire. Elle confia tout à son directeur. Celui-
ci, ayant lieu de la croire conduite par le bon
esprit, lui demanda d'écrire ce qu'elle avait
vu. Nous donnons textuellement ce récit, dans
la simplicité et même l'incorrection du style :

« Il me semble que ce Père Rabussier se trouvait pas loin de saint François Xavier, à cause
de son ardent amour qu'il avait pour Dieu et
qui lui a fait supporter en silence l'oubli et
le mépris de ses œuvres, des créatures; que
son âme possédait une transformation divine
qui égalait un martyre bien plus glorieux
que celui du corps. Cette âme, son sacerdoce
était comme un soleil qui pénétrait les pro-
fondeurs divines, redisant les louanges de
Celui qui avait été sa force, sa foi et son
amour. En le voyant ainsi transfiguré, je me
demandais qui cela pouvait bien être, et j'enviais son bonheur d'être plongé dans les
eaux du fleuve d'eau vive, car il en sortait

avec des délices et des enivrements de gloire
et de louanges de Dieu et de Jésus inconce-
vables. Il en était d'autant plus compénétré,
transfiguré, qu'il avait pu et su détruire jusqu'au dernier reste de l'amour-propre. Il y
a de certaines humiliations qui lui ont valu
des degrés d'amour, de gloire, que j'appelle-
rai infinis, tant la splendeur qui l'environnait
et le subtilisait était grande. Il pouvait pénétrer davantage en Dieu parce que son âme,
chacune de ses puissances, avaient été un
holocauste que l'amour lui avait fait sacrifier
en silence et en unoin avec Dieu. Ce qui
me frappait le plus, c'était son unité : un avec
Dieu, que j'enviais beaucoup...

« Je me suis contentée de l'admirer, de
rendre grâces, regrettant de ne pas connaître
ce soleil du Christ dont [la] présence pouvait
se résumer en cette parole : « Les grands
« fleuves ont passé sur son âme, mais rien n'a
« pu éteindre sa charité. » Il est un de ceux
qui ont été tout droit au ciel : cela se connaît
par une union si forte de la charité de l'âme
que la volonté a transformée pendant la vie
terrestre, car la purification d'ici-bas est bien
plus glorieuse à Dieu et aux âmes que celle

qui s'impose au moment de la mort... Ce qui m'a frappée, c'est qu'en le voyant si élevé, j'ai eu cette pensée (comme si cette personne attribuait au Père les paroles suivantes qui lui paraissaient exprimées par l'attitude du Père[1]) : « Autant j'ai été humilié, autant la « Compagnie le sera, mais je prierai avec tous « les saints qui m'entourent : qu'elle soit aussi « exaltée et que le trône sur lequel je repose « lui soit accordé dans l'Eglise de mon Dieu « que j'ai tant aimé et pour lequel j'ai tout « sacrifié. » Il avait les quatre ailes des Trônes et son trône avait la forme d'un cœur. »

Une religieuse du même monastère, dont l'état de santé donnait des inquiétudes, fut invitée à recourir à l'intercession du Père Rabussier. Laissons-la nous dire elle-même la faveur qu'elle en obtint : « Il y a quelques années, je souffrais du cœur à de rares intervalles, mais depuis un an et demi à peu près, le mal avait progressivement augmenté.

« Vers le commencement de Février, le médecin donna des inquiétudes assez graves à ce sujet à nos Révérendes Mères. Il disait

---

1. Note du Père Jésuite à qui nous devons cette relation.

reconnaître une angine névralgique au cœur.
Quelques jours après la visite du docteur,
suivant le conseil de notre Mère Maîtresse et
avec elle, je commençai une neuvaine au très
Révérend Père Rabussier pour obtenir ma
guérison (si telle était la volonté de Dieu),
et je mis sur moi un tout petit morceau de
tissu ayant appartenu à ce bon Père.

« Il y eut un mieux sensible pendant quelques jours ; je recommençai une autre neuvaine et, dès le dernier jour, les douleurs
cessèrent (16 Avril). Depuis lors, je garde
toujours sur moi la miraculeuse petite relique de ce vénéré Père, et je l'invoque souvent
avec une paix, une joie tout intime et toute
céleste. »

Signé : « Sœur MARIE-CLAIRE DU SACRÉ-CŒUR,
L***, le 17 Juin 1902. »

« Cette enfant, depuis la dernière neuvaine,
n'a plus eu les faiblesses qui lui ôtaient tout
mouvement. »

Signé : « Sœur SAINT-JOSEPH,
Ind. Maîtresse des novices. »

Une des filles spirituelles du P. Rabussier
écrit : « Lorsque j'ai appris la mort du Père

Rabussier, l'inspiration m'est venue de le prier pour Henri. A ce moment, croissance et fatigue avaient décrit un *S* sur sa colonne vertébrale. Une relique a été appliquée; il y a eu un redressement d'une courbe auquel le médecin examinant ne pouvait croire. Mais l'autre n'a pas été guérie[1]. »

Un certain nombre de faveurs temporelles et plus encore spirituelles ont été sollicitées et obtenues; les personnes qui en ont été l'objet n'ont pas eu l'idée de les dévoiler aussi explicitement.

1. Lettre de la Vicomtesse d'A. Paris, 8 Décembre 1909.

CHAPITRE XI

Vertus, Dévotions, Dons surnaturels.

Nous insérons dans ce chapitre bon nombre de traits caractéristiques, actes de vertu, etc., qu'il ne nous a pas été possible de mettre dans le courant du récit : malgré leur intérêt, ils eussent trop alourdi notre marche.

Le Père Rabussier avait beaucoup reçu au seul point de vue naturel : une intelligence supérieure, un jugement très sûr, beaucoup de sens pratique, une volonté droite et ferme, une grande force de caractère, un cœur délicat et dévoué.

Tel était le fonds très riche sur lequel Dieu et son serviteur devaient agir de concert : Dieu en le comblant de ses dons surnaturels et de ses plus précieuses grâces ; le Père en faisant valoir, en mettant en œuvre, au moyen de l'exercice des vertus, les trésors que la nature et la grâce avaient accumulés en lui.

Il se montra toujours passionné pour la foi la plus pure. Dès son enfance, il eut une horreur instinctive pour toute parole pouvant blesser la foi, pour tout ce qui, de près ou de loin, ressemblait au blasphème. Comme prêtre et Jésuite, il eut un grand zèle pour cette pureté de foi; il travailla de tout son pouvoir à en faire comprendre l'importance et à la faire aimer comme l'une des conditions de la splendeur de la tribu sacerdotale et de la régénération de la France. « La virginité du sacerdoce, écrivait-t-il, doit commencer par un goût délicat de la pureté de la foi, puis se continuer dans la plus grande pureté de cœur au contact des âmes. » Et il ajoutait faisant allusion au Gallicanisme : « Cette pureté de foi a été trop souvent viciée en France de la manière la plus subtile par un effet de l'amour-propre national[1]. »

---

1. Lettre du 4 Mars 1878.

Dans les œuvres qu'il entreprit, il y eut une place de choix pour la défense et la propagation de la foi. Il souffrit plus d'une fois pour une si noble cause. Notons un fait. Il eut l'occasion de découvrir que l'on adoptait dans une Congrégation religieuse une nouvelle spiritualité de laquelle se dégageaient quelques propositions inexactes au sujet de la sainte Eucharistie. Après avoir pris conseil de plusieurs théologiens qui confirmèrent son jugement, il avertit les premières Supérieures ; elles lui témoignèrent une vraie reconnaissance. Il n'en fut pas de même des religieuses en cause : elles ne craignirent pas de se laisser aveugler par la passion, de parler contre le Père, même de le calomnier. Il sut toujours excuser, non leurs erreurs, mais leurs intentions, avec une patience et une charité admirables.

Lui-même était comme tout imprégné de foi. Aussi parlait-il de Dieu, des grandes vérités, de Jésus et de Marie avec un accent si pénétrant qu'on eût dit qu'il voyait à découvert les mystères qu'il prêchait. Il aimait à communiquer à ses auditeurs, surtout aux prêtres, religieux et religieuses, le respect et l'amour dont il était animé envers l'Eglise et le Souverain Pontife, les exhortant à s'attacher de cœur « aux plus petites délicatesses de la foi romaine. Quand on n'obéit pas exactement à l'esprit, ni même à la lettre des observations envoyées de Rome, disait-il, on n'est pas conduit par l'esprit de Dieu[1]. » Il était catholique romain jusqu'au fond de l'âme ; aussi se réjouit-il grandement de la proclamation du dogme de l'Infaillibilité pontificale dans laquelle il voyait un remède nécessaire et providentiel. Il ne pouvait supporter d'entendre discuter et blâmer les actes du Souverain Pontife et signalait souvent dans ses sermons cette manie comme un défaut intolérable ; il savait fermer la bouche avec douceur mais fermeté à des interlocuteurs mal avisés.

Il avait le sens profond de la hiérarchie catholique et ne cessait de répandre autour de lui ses idées sur l'union des Pasteurs entre eux et du troupeau avec les Pasteurs. On peut dire que sur ce sujet, il ne tarissait pas et qu'il avait fait siens le désir et le souhait du Sauveur mourant : « *Sint unum.* »

1. Lettre du 9 Mars 1877.

Il aimait tout ce qui venait de l'Eglise : ses cérémonies, la liturgie, le Bréviaire, etc. « J'admire, disait-il, tout ce qui est écrit dans le vrai esprit de la sainte Eglise. Je découvre presque chaque jour dans les prières liturgiques ou la Sainte Ecriture quelque lumière, ou harmonie, ou profondeur nouvelle [1]. Je crois fermement que le Saint-Esprit a présidé à la formation de toutes les parties de l'Office romain et même à leur agencement. Je ne pouvais assez détester la sotte suffisance des Gallicans qui avaient bouleversé tout cela [2]. »

Sa foi transpirait lorsqu'il était en prière, surtout lorsqu'il célébrait la sainte Messe ou était devant le Très Saint-Sacrement. On l'a vu alors parfois le visage tout inondé de larmes. Habituellement recueilli, il laissait l'impression, même à ceux qui ne le connaissaient que par l'extérieur, d'un homme de prière vivant en présence de Dieu et intimement uni à lui.

Sa vie entière était sous l'influence de la foi et s'il sut prêcher si bien l'esprit de foi

1. Lettre du 11 Avril 1877.
2. Lettre du 6 Février 1879.

aux âmes appelées à la vie intérieure, c'est qu'il en vivait lui-même continuellement. Il avait horreur comme de vrais blasphèmes des paroles contraires à l'esprit de foi, des murmures contre la justice de Dieu, la Providence, et s'élevait avec force contre les personnes qui les proféraient. On a cité souvent ce mot qui lui était familier et qui exprimait si bien sa soumission, son adhésion complète aux desseins de Dieu : « Jamais pourquoi, toujours merci. »

Le Père Rabussier qui voulait tant que les autres sachent reconnaître Dieu partout, le voyait lui-même avec une grande foi au-dessus des causes secondes en tout ce qui lui survenait, particulièrement lorsqu'il s'agissait d'un sacrifice, d'une souffrance, d'une humiliation : « C'est le Seigneur », aimait-il à répéter. Il voyait Dieu surtout en toute autorité légitime, dans ses Supérieurs. Il n'en parlait qu'avec un souverain respect, presque comme il eût parlé de Notre-Seigneur et ne s'apercevait même pas de leurs défauts. Il adorait la Providence dans toutes leurs dispositions à son égard. « *Adoro te devote, latens Deitas*, disait-il. Dieu qui me parle dans les Supérieurs ne peut pas me tromper. »

Sans doute, les grandes grâces dont Dieu l'avait favorisé lui rendaient plus facile qu'à d'autres la pratique constante d'un esprit de foi qui ne se démentit jamais. Lui-même remarque que dans le dernier degré d'oraison surnaturelle, on découvre souvent si clairement les ressorts cachés de la Providence et l'action des perfections divines en tel ou tel événement, qu'on est surpris des manquements à l'esprit de foi de tant de personnes pourtant pieuses. Cependant, qu'on ne l'oublie pas, c'est par sa fidélité qu'il arriva à posséder, entre autres dons, « ces yeux illuminés du cœur » du parfait esprit de foi. « Combien, avoue-t-il, j'ai été tenté contre l'esprit de foi dans mes longues épreuves tout en obéissant de mon mieux[1]. »

Un fruit de cet esprit de foi fut une espérance et une confiance inébranlables, d'autant plus méritoires que dans ses années d'épreuves intérieures, il se sentit bien souvent sur le bord de l'abîme du désespoir,

1. Notes du 11 Août 1877.

comme irrémédiablement perdu. Il s'ancrait alors dans l'espérance chrétienne comme « un naufragé, perdu de tous côtés dans l'immensité de l'abandon, de l'engloutissement et de la mort, s'attache à sa dernière planche de salut[1]. » Et s'appuyant sur les mérites de Jésus-Christ « son Sauveur », sur l'intercession de Marie « sa bonne Mère », il se livrait à cette confiance de pure foi qu'il devait plus tard enseigner à tant d'âmes.

Dans les travaux et les difficultés de son ministère apostolique, il manifesta spécialement une confiance sans bornes dans les fruits de la croix. Une contradiction, un échec apparent, c'était « une croix, » donc un gage de fécondité et de victoire. Souvent, dans les traverses les plus pénibles, il aimait à répéter que pour arriver à la résurrection du jour de Pâques, il fallait passer par le crucifiement et la mort du Vendredi Saint, par l'ensevelissement du Samedi Saint. En parlant de la vertu de la croix : « Une croix est bonne, écrivait-il, est sainte, est une grande bénédiction. Nous ne pouvons comprendre jusqu'à

____

1. Notes du 6 Février 1878.

quel point la croix nous enrichit. Une croix qui vient directement des mains de Notre-Seigneur, dans la venue de laquelle nous ne sommes pour rien, est toute providentielle. Il est donc de foi que les grâces l'accompagnent et selon son étendue. Faisons de grands actes de foi vive en cette croix et nous ne serons pas trompés[1]. »

Inébranlable dans la résolution prise par serment, dès l'âge de 19 ans, de ne vivre que pour aimer Dieu, le Père Rabussier surnaturalisa toute l'ardeur, l'énergie et les délicatesses d'amour qu'il portait en son cœur. De là les dévotions fidèles et profondes qui embaumèrent sa vie et imprimèrent à sa piété un cachet de sainte familiarité avec tout le ciel, réalisant ainsi le « *nostra conversatio in cælis est.* »

Avec Notre-Seigneur Jésus-Christ, c'était l'intimité nouée au moment du grand sacrifice de son ami Charles et dont les liens se resserrèrent d'année en année. Cet amour s'alimentait à la source eucharistique, surtout lorsque, devenu prêtre, il retrouvait chaque

---

1. Lettres des 26 et 30 Janvier 1891

jour au saint autel Celui qui avait réjoui sa jeunesse. Durant l'offrande du saint Sacrifice, il fut comblé de si nombreuses faveurs que lui-même se déclarait impuissant à en rendre compte.

Comme tous les fils de la Compagnie de Jésus, il eut une grande dévotion au Sacré-Cœur. Dès son Noviciat, le 18 Janvier 1852, il se vouait à ce divin Cœur avec les biens spirituels qu'il avait acquis ou devait acquérir et promettait de propager son culte de tout son pouvoir. C'est à Marie qu'il s'adressa pour obtenir une vraie dévotion au Sacré-Cœur[1]. Et pendant son Troisième An, il notait avoir éprouvé la vérité des promesses du Sacré-Cœur surtout pour le succès de ses ministères[2]. C'est aussi durant le Troisième An qu'il cherchait continuellement dans le texte de l'Evangile « à comprendre le Sacré-Cœur » et qu'il se le « représentait souvent à ce point de vue comme un livre et une école[3]. » Le Sacré-Cœur était encore pour lui le refuge suprême lorsqu'il sentait ce

1. Retraite de 1860.
2. Résolutions de la grande retraite du Troisième An.
3. Notes sans date du Troisième An.

qu'il nommait sa « banqueroute de plus en plus grande », et il ajoutait : « Je ne pourrai absolument entrer au ciel que par l'ouverture du Cœur de Jésus [1]. »

Ce sentiment d'humble confiance l'accompagna jusqu'à la fin de sa vie. Il écrivait quelques mois avant sa mort : « Je suis porté à m'adresser beaucoup au Sacré-Cœur. Il y a un certain ordre de difficultés qu'il se réserve de résoudre lui-même... Là, je crains mes infidélités ; mais sur ce point, le Sacré-Cœur avec la Très Sainte Vierge est encore mon refuge [2]. »

Il ne négligeait pas le recours au Saint-Esprit ; il l'invoquait surtout pour l'oraison et la prédication. Il aimait à le prier de « venir du Cœur de Jésus [3], du Cœur de Marie qui est comme le nid de la divine colombe [4]. »

Après Jésus, Marie eut tout l'amour du Père Rabussier. Lorsqu'il parlait d'Elle, on sentait son âme tressaillir et les personnes qui l'entendaient demeuraient profondément

1. Retraite de 1872. 3ᵉ jour.
2. Lettre du jour de Pâques 1897.
3. Compte de conscience 1869.
4. Lettre du 29 Janvier 1877.

remuées. Certes, il accomplit parfaitement le vœu fait au Noviciat, lorsqu'il se donnait à Marie, à son Cœur immaculé et promettait de propager le culte de son Immaculée Conception. Toute sa vie est un chant d'amour pour Marie. « *Quantum potes*, disait-il, *tantum aude*. Il ne peut pas y avoir d'excès à prier la Très Sainte Vierge, il ne peut pas y avoir d'excès à l'aimer [1]... Oh! qu'il est doux de faire faire des actes d'amour de Dieu et de Marie aux petits enfants! Je ne connais pas de musique plus délicieuse. J'en suis presque toujours touché jusqu'aux larmes [2]... Il n'y a sur la terre dans la parole humaine qu'un son toujours sensiblement agréable à mon oreille et à mon cœur, c'est quand j'entends une bouche, surtout jeune ou enfantine, proférer des paroles d'amour pour Elle [3]... Je n'ai jamais dit à personne, de peur qu'on n'en abuse, que je n'ai jamais pu rien refuser de ce qu'on m'a demandé au nom de notre Mère [4]... Tous les biens me sont venus à la fois avec Elle. Elle me sanctifiera parce que je ne suis rien,

1. Notes de 1882.
2. Lettre du 11 Juillet 1877.
3. Lettre du 6 Février 1877.
4. Notes du 11 Août 1877.

et qu'elle est mère de Miséricorde... O Marie, vous êtes la seule pure créature que j'aimerai à ce point sur la terre, et les autres pour vous [1]. »

Puissent ces échos de l'âme du Père Rabussier se répercuter comme à l'infini et faire monter vers Marie un concert de louange et d'amour. L'humble et dévot serviteur de la Vierge n'en tressaillira-t-il pas encore de bonheur en son éternité ?

Saint Joseph, si intimement uni par la Providence à Jésus et à Marie, eut une grande place dans les dévotions du Père Rabussier. C'est au Troisième An qu'il commença à l'invoquer particulièrement, lui recommandant chaque jour sa vie intérieure et sa direction d'âme et de conscience. Il se trouva si bien de cette pratique qu'il la suggérait volontiers, insistant sur l'utilité d'avoir un moment fixe pour cette prière quotidienne, afin d'y mettre le cachet de constance qu'il voulait voir dans les dévotions. « Peu, mais toujours », disait-il. C'est en se levant ou au commencement de son oraison qu'il priait « son directeur perpé-

<hr>

1. Notes du 5 Mai 1882.

Rabussier.   17

tuel[1], » ainsi qu'il appelait le saint patriarche.

Il eut de vives lumières sur l'union virginale d'amour et de dévouement créée par Dieu entre Marie et Joseph, sur les grands biens que Joseph dut à Marie, sur leurs souffrances mutuelles et pour le saint Enfant Jésus ; il parlait de ces mystères avec une exquise délicatesse.

Avec quelle joie n'accueillit-il pas les Actes de nos derniers Papes en faveur du culte de saint Joseph et de la Sainte Famille ! Il admirait la main de la Providence à l'heure où la famille, battue en brèche de toutes parts, a tant besoin de protection spéciale et de modèle. « Puissent beaucoup de familles chrétiennes et de maisons, écrivait-il, ressembler à la sainte maison de Nazareth[2]. »

La dévotion aux saints Anges fut l'un des traits caractéristiques du Père Rabussier. Il recourait à eux constamment dans les mille imprévus, difficultés et complications de sa vie d'apôtre, soit pour les détails matériels, soit dans ses combats contre le démon pour

1. Retraite de 1871, 8 Août. 5ᵉ jour.
2. Lettre du 11 Décembre 1885.

le bien des âmes, le succès de ses ministères. C'est aux saints Anges qu'il demandait de lui préparer les voies lorsqu'il avait à traiter quelque affaire importante ; à eux qu'il s'adressait pour obtenir de donner la sainte Communion sans accident[1] ; sur eux qu'il comptait pour être réveillé à l'heure voulue durant ses voyages : il l'était alors quelques minutes avant le son d'une horloge, « sans doute, remarquait-il, pour que je sache reconnaître l'intervention du bon Ange, au lieu de ne voir que celle du bruit matériel. Mais il faut obéir à l'instant, ajoutait-il, autrement il n'avertit plus, et toujours remercier. » Il écrivait en 1870 : « Combien j'admire depuis longtemps la complaisance de mon saint Ange gardien quand je recours à lui pour mille petits détails même minimes, mille petits riens[2]. » Et plus tard : « J'ai toujours une crainte délicate d'oublier de remercier pour les plus petits services que le saint Ange gardien rend avec tant d'amitié et d'humilité[3]. » Mais les bons offices de

---

1. Retraite de 1870. Sans autre indication.
2. Retraite de 1870. Sans autre indication.
3. Note du 30 Août 1877.

son Ange gardien ne se bornaient pas là : il en était très aidé pour sa vie spirituelle. « Quelle douce et charmante intimité, quel repos pour l'âme et pour le corps, écrivait-il à la fin de sa vie[1]. » La résolution de sa retraite de 1895 est ainsi conçue : « Je mettrai au-dessus de tout la sainte familiarité de mon Ange gardien et l'esprit de prière[2]. »

Il conseillait en toute occasion la dévotion aux saints Anges. « Ils sont, disait-il, les ministres ordinaires de la Providence divine sur nous. Ils nous environnent de leur influence silencieuse et cachée. Ils sont modèles pour la pureté, le zèle discret et désintéressé, la promptitude de l'obéissance. » En même temps, il recommandait le recours à Notre-Dame des Anges afin que cette Reine des armées célestes daignât les envoyer au secours de ses enfants.

Le Père Rabussier vivait vraiment comme en famille avec les Saints du ciel. Selon l'esprit de l'Eglise, il faisait de chaque jour une fête, honorant avec grande dévotion le

1. Lettre du 25 Août 1897.
2. Retraite de Décembre 1895.

saint qui était offert à sa vénération, pénétrant et goûtant les paroles de son Office
dans le Bréviaire et le Missel, vivant vraiment avec lui. Les lumières surnaturelles
ajoutaient encore aux connaissances qu'il
pouvait avoir par ailleurs ; il en résultait
une réelle intimité avec les élus de Dieu.
Il aimait les traditions locales de chaque
pays pour le culte des Saints et s'employait
selon son pouvoir à les soutenir ou à les
ressusciter ; il avait enfin un vrai culte pour
les reliques. Citons seulement quelques
lignes qui nous révèlent bien ce côté de son
âme. « Combien mon cœur a été profondément remué à la pensée des martyrs anglais
et de tant d'autres de la Compagnie de
Jésus. Combien de fois j'ai pleuré amèrement
dans mes voyages sur les ruines des plus
vénérés sanctuaires ou quelques débris des
reliques les plus précieuses sauvés avec
peine de la rage des Calvinistes et des révolu-
tionnaires [1]. » A Bourges, il eut une vraie
douleur en voyant détruire les murs de la
chapelle de sainte Jeanne de Valois.

1. Lettre du 7 Mars 1877.

Entre tous les saints, le Père Rabussier aima de préférence saint Ignace. « J'aime mon Père saint Ignace avec tendresse et prédilection, écrivait-il, et j'aime à le faire aimer [1]. C'est lui qui a commencé à me former pour la direction dès mon Noviciat et même avant, en me pénétrant d'une manière exceptionnelle des moindres paroles de son livre des *Exercices spirituels* [2]. »

Enfin, parmi les dévotions du Père Rabussier, nous ne saurions oublier les âmes du Purgatoire. Le vœu héroïque ou offrande de tous ses mérites satisfactoires en leur faveur fut pour lui le principe de grandes grâces et l'occasion de nombreux actes de confiance et d'abandon. « Ce dénuement effrayant où je me vois, même pour l'autre vie, disait-il, m'humilie et m'encourage [3]... [J'ai] encore été tenté d'effroi en pensant au sacrifice héroïque que j'ai fait en faveur des âmes du Purgatoire et j'ai encore résolu de continuer en m'abandonnant aveuglément à la miséricorde dans le Cœur de Jésus. Il n'y a pas

1. Lettre du 3 Août 1877.
2. Note du 29 Juillet 1877.
3. Résolutions de la grande Retraite du Troisième An.

d'autre issue pour moi que de me sanctifier. [Notre-Seigneur] ne m'en refusera pas la grâce[1]. »

C'est pendant la Messe, au *Memento* des morts, que le Père Rabussier renouvelait chaque jour le vœu héroïque. Il fut bien des fois encouragé et stimulé dans son dévouement et sa compassion envers les saintes âmes du Purgatoire par la vue de plusieurs d'entre elles qui lui demandaient du secours.

Citons un fait. Il avait reçu de Dieu l'assurance du salut éternel de son père ; mais il n'omit pas pour cela de beaucoup prier pour la délivrance du Purgatoire de cette âme si chère. Ayant eu à s'occuper de faire transporter dans une concession à perpétuité les restes de son père, il le vit tout à coup comme s'élever de terre et monter bien haut. Cependant il avait l'air épuisé de fatigue et était tout ruisselant de sueur. En même temps, le Père Rabussier comprenait que son père réclamait ses suffrages. Il continua à prier pour lui et à offrir le saint Sacrifice de la

1. Retraite de la fin du Troisième An, 3ᵉ jour, Août 1867.

Messe pour sa délivrance. Bien des années après, en 1885, il le vit de nouveau ; non seulement il s'élevait bien haut, mais il entrait et disparaissait dans une lumière éblouissante. Le Père Rabussier eut alors la conviction intime que son père était au ciel.

Sa charité envers le prochain ne connut point de bornes. Doué d'un cœur très délicat, il eut l'occasion de souffrir plus que d'autres et d'exercer en proportion la vertu de charité soit dans sa vie de Communauté, soit dans ses relations avec le dehors. « Mon petit secret, disait-il, pour ne pas se laisser aller à un froissement, c'est une profonde conviction qu'on ne doit rien à mon cœur, que quand on le blesse, on le rapproche du Cœur de Jésus[1]... J'ai toujours un sentiment profond de cette vérité : rien ne m'est dû. Toutes les fois qu'on m'offense, ou qu'on commet contre moi quelque injustice, je suis tellement pénétré de cette vérité que je pardonne facilement. C'est plus que pardonner, c'est avoir encore de la reconnaissance en pensant que l'offenseur m'a accordé beau-

1. Note du 8 Février 1877.

coup d'autres fois des égards qui ne m'é-
taient pas dus[1]. »

D'après le témoignage de ceux qui appro-
chèrent le plus souvent le Père Rabussier, il
fut admirable en particulier dans les conflits
qui éclatèrent à propos de l'Œuvre des Zélatrices. Jamais on ne l'a entendu se plaindre
ni des personnes, ni des événements ou
circonstances. Jamais il n'a eu une seule
parole amère ; il savait excuser les procédés
les plus déconcertants et cherchait avec une
délicatesse exquise à faire ressortir les bonnes qualités et surtout les bonnes intentions
des personnes qui avaient parlé contre lui
ou contre ses œuvres. Il aimait du fond du
cœur ceux qui, bien involontairement sans
doute, le faisaient souffrir et qui, mal rensei-
gnés, compromettaient sa réputation près de
ses Frères et de ses Supérieurs en le repré-
sentant comme « un religieux brouillon, désobéissant, infidèle à ses règles. » Il disait : « Je
dois aimer le prochain comme Dieu m'a aimé.
Et comment m'a-t-il prouvé son amour? En
souffrant et en mourant pour moi. »

1. Note du 29 Juillet 1877.

Combien n'a-t-il pas prêché cette charité qu'il pratiquait lui-même si parfaitement. Dans les Communautés surtout, il parlait fréquemment du support mutuel, du pardon des injures, du respect dû aux intentions et à la réputation du prochain ; il voulait que les vraies fautes contre la charité fussent réparées avec grand soin.

Enfin, il se donna aux âmes avec profusion n'épargnant ni ses forces physiques, ni son temps, ni ses peines, ne reculant pas devant la fatigue de nombreux voyages. « J'aime, répétait-il, la pauvreté de l'apôtre qui peut dire : Je n'ai plus la libre disposition d'un seul mouvement de mon cœur, d'un seul moment de mon temps, de mes forces, de mes prières, etc., tout est donné pour les âmes [1]... Aussitôt qu'on touche aux âmes il faut être admirablement torturé. C'est pour les âmes ! On éprouve aussi qu'on est uni d'autant plus, sans savoir comment, aux deux Cœurs de Jésus et de Marie [2]. »

Parmi les personnes qui ont connu le

1. Lettre du 11 Mai 1877.
2. Lettre du 18 Février 1877.

Père Rabussier, il n'en est pas une qui ne signale, comme trait distinctif de son caractère, une extrême prudence et discrétion. Dès son enfance, il manifestait un bon sens et une maturité de jugement au-dessus de son âge. A cette disposition naturelle, se joignirent le tact et le discernement surnaturels. Dieu lui donna, avant qu'il eût l'âge de raison, une grâce particulière pour fuir certains camarades par une sorte d'horreur instinctive. Il sut plus tard que ces enfants auraient pu le porter au mal.

Comme religieux, sa prudence consista principalement à agir toujours avec une intention très droite, à obéir de son mieux et à garder une inviolable discrétion là où il n'avait pas à rendre compte. Cette prudence et discrétion toutes surnaturelles ne furent pas toujours comprises de ceux qui eurent affaire à lui. On lui prêta en plus d'une occasion une finesse, une duplicité, une diplomatie entièrement opposées à ses dispositions intimes et même à sa nature. « La plus grande prudence, disait-il, c'est de ne déplaire en rien à Notre-Seigneur, afin de l'obliger à être entièrement avec moi. Il est le Maître et il ne sera pas confondu [1]... Le plus sûr, c'est de n'agir par aucun mobile imparfait ; pas la plus petite passion défectueuse [2]... La perfection de la discrétion consiste à être aussi simple que prudent, c'est-à-dire à ne rien cacher absolument par le moindre motif personnel, rien que par devoir, et à chercher Dieu aussi purement que possible [3]. »

Dans les œuvres de zèle, il savait attendre le moment de la Providence sans rien presser. « Il faut attendre le moment de la Providence en subordonnant toujours tout à l'obéissance [4]. »

Dans la voie spirituelle où Dieu le faisait marcher, il mit sa prudence à tout soumettre et à consulter souvent. Il éprouvait « une répugnance comme naturelle à se servir des dons que Dieu lui donnait pour la direction des âmes. Il lui fallait un motif clair de fidélité à la grâce ou au devoir [5]... Il ne faut s'attacher à l'extraordinaire, disait-il, que quand

1. Lettre du 27 Avril 1877.
2. Lettre du 14 Février 1877.
3. Lettre du 10 Mai 1877.
4. Lettre du 10 Février 1877.
5. Note du 25 Mars 1877.

il est incontestablement imposé par le souverain Maître de toutes choses[1]. » Il avait tendance à revenir toujours à la voie commune ; il estimait qu'il fallait le faire « aussitôt qu'il était clair que l'âme n'y perdrait rien[2]. »

Appelé à diriger bon nombre d'âmes conduites par une voie particulière, il savait admirablement favoriser l'action du Saint-Esprit et la suivre sans jamais la précéder. Il ne donnait qu'à mesure ce dont ces âmes avaient besoin. « Pour elles comme pour tout le monde, disait-il, tout revient en dernière analyse à un grand esprit de foi dans l'obéissance, à l'humilité, la simplicité, l'oubli de soi-même, la prière, en un mot à tous les fruits que l'abondance des grâces intérieures doit produire. Je n'enseigne que ce que l'obéissance[3] m'a toujours enseigné à moi-même[4]... Je n'ai jamais dirigé personne d'après la connaissance de l'avenir ; mais acceptant dans les grâces et inspirations tout ce qui

1. Lettre du 21 Octobre 1881.
2. Lettre du 12 Juillet 1887.
3. A la direction, à toute autorité légitime.
4. Lettre du 18 Octobre 1876.

offre un bon caractère selon la foi et l'expérience des saints, j'aide les âmes ainsi favorisées à en tirer tous les fruits désirables. Il n'y a que cela de solide. Quand j'approuve des paroles intérieures, c'est seulement en ce sens et toujours selon mon autorité qui ne s'étend pas aux prophéties, mais à la fuite de toute imperfection [1]. »

Dans les choses importantes qui lui étaient soumises, par exemple dans la direction des vocations, il aimait à ne rien décider seul et provoquait souvent d'autres avis que le sien ; mais il tenait à ce que ces conseillers de surcroît fussent bien choisis et peu nombreux.

Avec tous et en toute occasion, la prudence du Père Rabussier savait se contenter du bien possible. Il donnait souvent et pratiquait lui-même des conseils comme celui-ci : « La prudence demande qu'on ne touche même pas aux défauts impossibles à corriger, ou du moins qu'on attende le moment le plus favorable, et en général qu'on ne veuille jamais faire un bien qui a plus d'inconvénients

1. Lettre du 8 Décembre 1876.

que d'avantages. Le mieux est le bien possible[1]. »

Le Père Rabussier possédait une volonté et un jugement trop droits pour n'avoir pas le sens profond de la justice. Chez lui, ce sentiment était tel qu'il l'aurait facilement porté à une certaine sévérité envers ceux qui semblaient faire parfois un peu trop bon marché des devoirs que lui-même accomplissait si exactement, presque rigoureusement. Mais, au témoignage de ses Frères, la charité indulgente et compatissante qu'il puisait dans le Cœur de Jésus tempéra bien vite tout excès en ce genre. Il ne lui resta plus pour les autres qu'une juste appréciation des obligations de chacun, avec un admirable discernement des circonstances de temps, de lieu, de personnes, pouvant excuser des procédés qu'il ne se fût pas permis. Pour lui, il demeura toujours inébranlablement attaché à ce qu'il voyait être le meilleur selon Dieu. Sa parfaite rectitude, jointe à la délicatesse de son cœur, le rendit profondément reconnaissant.

1. Lettre du 13 Février 1877.

Il était doué, nous disent ceux qui l'ont approché le plus près, d'une grande force de volonté. Quand il entra au Noviciat, le Curé de Conflans, qui le connaissait bien, dit ces paroles significatives : « Il ne s'arrêtera jamais. » Il devait en effet aller toujours de l'avant dans un chemin semé de toutes sortes de tribulations intérieures et extérieures. « Je connais bien ce chemin, écrivait-il : souffrir tout ce qui peut être souffert par une créature, afin d'acquérir l'expérience nécessaire dans la conduite des âmes[1]. »

Au milieu de toutes les souffrances et difficultés rencontrées dans sa vie spirituelle, dans ses ministères, ses œuvres, dans ses déboires près des Communautés ou des individus, il ne se découragea point ; jamais on ne vit en lui une ombre d'abattement ; plus les circonstances extérieures lui étaient contraires, plus il laissait paraître de sérénité douce et forte, essayant de mettre les autres dans l'atmosphère de paix où il se trouvait lui-même. Il continuait sa route, tâchant de mener à bien ce que Dieu lui demandait, en

---

1. Lettre du 3 Juin 1877.

s'appuyant sur l'obéissance et s'abandonnant pour le succès ou l'insuccès.

Le Père Rabussier, sous les dehors de la simplicité, cacha une vie très mortifiée. Durant son Noviciat, en butte à « d'incroyables taquineries du démon de la gourmandise », il se résolut « à manger le moins possible. » Heureusement, ses Supérieurs étaient là pour modérer ses pieux excès. Bientôt, Dieu lui-même lui donna les moyens de pratiquer une mortification continuelle. Il note dans son compte de conscience de 1869 à son Supérieur : « *Santé*. Généralement, pas une heure sans quelque inconvénient du côté de la santé. » Il disait la même chose au Père Fessart après sa retraite de 1876. Aussi, dès 1872, le Père Fessart lui avait-il conseillé de faire peu de pénitences corporelles. Cependant, il en pratiquait encore quelques-unes : il se revêtait fréquemment d'un long et dur cilice et couchait habituellement sur une planche, etc., cela en dépit de tout un cortège de misères physiques : maladie de cœur avec palpitations, maladie des bronches, de l'estomac, etc. Il portait cela vaillamment, à l'insu de la plupart de ceux qui l'entouraient.

Rabussier.   18

A ces fatigues naturelles se joignaient celles qui avaient une cause surnaturelle. Il remarquait que quand une âme est conduite depuis son enfance par la voie passive, il est impossible que le physique ne soit pas grandement blessé. « Heureuse blessure, ajoutait-il, reçue uniquement au service du bon Maître. »

Enfin, il eut à offrir à Dieu, comme ouvrier apostolique, les labeurs incessants et presque écrasants de son ministère. Lorsqu'il commença à être très apprécié à Bourges et que l'Œuvre des Zélatrices l'eut mis en relation avec beaucoup d'âmes, il était occupé toute la journée par les confessions et la direction. Il était obligé de prendre sur ses nuits pour ses autres travaux, une correspondance considérable et ses exercices de piété qu'il n'omit jamais. Souvent, il ne terminait une retraite que pour en donner une autre avec le seul intervalle d'un voyage de nuit.

Peu à peu, le divin Esprit et sa propre expérience lui firent comprendre qu'il devait employer pour ses maux physiques peu de remèdes naturels, que la prière et la mortification seraient ses meilleurs soulagements.

Il notait durant sa retraite de 1879 faite sous la direction du Père Ginhac : « Consécration de mon corps ou plutôt transformation. Je vois encore, pendant cette retraite, que Notre-Seigneur et son Saint-Esprit seuls veulent avoir le droit de le rendre malade et de le guérir, de le faire souffrir et de le faire participer à certaines grâces. *Cor et caro mea exultaverunt...* Dieu me donne les mortifications de la nuit, des repas, des travaux apostoliques, de la fatigue et de l'oraison [1]. »

Le Père Rabussier qui, comme religieux, eut tant à souffrir extérieurement, ne fut pourtant jamais attaqué par les langues sur le point le plus délicat.

« Sa démarche grave, sa réserve extrême, presque excessive dans les premières années de son ministère et le rayonnement angélique de toute sa personne créaient autour de lui, au dire de ceux qui l'ont intimement connu, une atmosphère de respect dont on subissait l'influence. C'était le *Noli me tangere*. Plus tard, lorsque avec les années, il laissa paraître plus d'abandon dans les conversa-

____

1. Retraite de 1879, 20 Juillet, 4ᵉ jour.

tions familières, on sentait qu'il ne se livrait que par condescendance, pour le bien et la consolation des âmes et qu'il restait pleinement maître de lui-même.

« Il fut passionné pour la plus parfaite pureté du cœur. Toute sa vie, il fut plus sévère qu'on ne l'est ordinairement en fait d'amitié naturelle, ne se permettant pas de s'arrêter un instant à ce qui aurait pu lui donner quelque jouissance intérieure pour un objet même légitime, n'allégeant par aucune confidence certaines souffrances intimes du cœur et réservant tous ses épanchements pour Jésus et Marie. « Quand bien « même on serait porté à s'attacher purement « mais fortement sur la terre, disait-il, le « sacrifice qu'on en fait à Dieu a comme un « parfum âcre et suave, pénétrant et fortifiant ; « il y a comme une volupté divine à dire à « Notre-Seigneur : Seul avec vous seul. »

Tout cet ensemble de mortification du cœur pourrait peut-être sembler un peu exagéré si l'on ne savait qu'il fut pour le Père Rabussier le principe et comme la source des plus grandes grâces. Chez lui, c'était la fidélité à un appel très spécial à la virginité du cœur.

Il avait un don pour parler de cette parfaite pureté du cœur et pour faire embrasser aux âmes qu'il dirigeait les sacrifices les plus intimes en ce genre, sans même qu'elles s'en doutassent, uniquement en les attirant à l'odeur des parfums de Jésus et de Marie. Sa seule vue donnait à certaines âmes d'enfants et de jeunes filles l'intuition des beautés de la virginité; aussi peut-on dire que la virginité germa sous ses pas en des milliers de fleurs [1].

Mais de toutes les vertus, celles où il excella furent l'obéissance et l'humilité.

C'est surtout au moment où il accepta d'un cœur si soumis et vaillant les décisions de ses Supérieurs qui lui demandaient de grands sacrifices pour l'Œuvre des Zélatrices que son obéissance se montra telle qu'elle était : prompte et courageuse, humble et aimante, abandonnée et parfaitement dégagée. Il eut alors, durant les années suivantes, l'occasion de dévoiler son âme à son insu

---

1. De son propre aveu, le Père Rabussier eut le bonheur de faire entrer plus de six cents jeunes filles dans diverses Congrégations religieuses. Les âmes qui, sous son impulsion, se consacrèrent dans le monde à l'Epoux des vierges, sont plus nombreuses encore.

dans les lettres qu'il écrivit aux Zélatrices les plus éprouvées par son éloignement de Bourges et de l'Œuvre, soit pour les soutenir elles-mêmes, soit pour prévenir tout jugement défavorable sur ses Supérieurs.

« Il faut que le pasteur soit frappé, écrivait-il ; ne vous effrayez de rien, puisque tout est pour obtenir de si grands biens... Pour moi, de mon côté, je n'ai d'autre défense que d'obéir à outrance [1]. »

« Un bon religieux doit non seulement porter le joug de sa Règle, mais l'aimer. Ainsi j'aime cette Règle qui fait qu'un religieux est toujours comme un enfant mineur vis-à-vis d'un Supérieur ; c'est un moyen si excellent pour avancer dans l'humilité et l'abandon de la parfaite enfance spirituelle [2]... »

« Une préparation nécessaire de l'obéissance parfaite, c'est de se tenir dans l'indifférence et le dégagement intérieur d'esprit, de volonté, de cœur et d'impression même, pour tout ce qui ne vient pas de cette action divine de l'obéissance. C'est dans toutes ces

---

1. Lazaret d'Irun, 7 Octobre 1884.
2. Lettre d'Orléans, 12 Janvier 1885.

choses que l'apôtre doit être éminemment obéissant, se souvenant qu'apôtre signifie *envoyé*, envoyé de Dieu ; surtout l'apôtre de la vie intérieure qui doit tellement imiter les Anges, et Ange signifie également *envoyé*. Personne ne sait mieux commander, dit l'*Imitation*, que celui qui a bien appris à obéir. Combien celui qui doit unir tant d'âmes parfaitement à Dieu, doit être uni lui-même d'autant plus fortement à la pensée de Dieu, à ses vouloirs divins, au plan de sa Providence!... Et dans ce genre, tout ce qui n'aboutit pas à l'obéissance du plus petit enfant est plein d'illusions. Oh ! que saint Ignace a été bien inspiré de tout ramener, dans ses *Exercices spirituels* à l'humilité, dans son *Institut* à l'obéissance ; et l'humilité et l'obéissance, au fond, c'est la même chose [1]. »

« Rien n'est préférable à la parfaite obéissance, c'est-à-dire au plein abandon de sa volonté propre et même de son jugement, une fois qu'on est assuré que c'est à Jésus-Christ qu'on obéit. C'est le sentiment qui

1. Angoulême, 21 Juin 1885.

remplit mon cœur... J'admire aussi comment la Providence trouve toujours au moins un sentier pour passer, quand nous la secondons par une parfaite obéissance [1]... »

« Je ne m'arrête jamais à une pensée qui pourrait diminuer l'amour et le respect pour un Supérieur ; je n'en ai pas même la tentation... Il ne m'est pas difficile de rester dans une indifférence absolue pour tout le côté personnel et humain de ce qui me touche dans les Œuvres. Cette indifférence, que je ne puis mieux comparer qu'à celle du corps mort et enseveli du Sauveur dans le saint Sépulcre, cette indifférence est le sol profond et solide sur lequel germent mes désirs, prières, offrandes. Cette indifférence est d'une profondeur et d'une tranquillité étonnantes... Il y a des lumières très tranquilles et très sûres qui montrent jusqu'à l'évidence combien la Providence a divinement raison dans tout ce qui peut me faire souffrir ; combien c'est pour un plus grand bien quand il s'agit des Œuvres... Voici pourquoi je compare l'âme dans cette indif-

----

1. Lettre du 1ᵉʳ Janvier 1886.

férence au Corps divin du Sauveur pendant la journée du Samedi saint. Ce saint Corps et tous ses sens sont morts ; c'est le silence, le froid, l'immobilité de la mort. Pourtant, c'est moins qu'un sommeil, parce qu'une vie plus belle va revenir ; même elle couve déjà sous la pierre du tombeau, parce que ce saint Corps est uni hypostatiquement à la divinité. O heureuse, ô glorieuse mort[1] ! »

« L'obéissance et l'humilité ne font qu'un », disait le Père Rabussier. Elles eurent donc dans son âme la même profondeur, la même étendue. Dieu lui demanda beaucoup pour la pratique de l'humilité et il sut donner beaucoup.

Il avait d'abord de bas sentiments de lui-même, une très petite opinion de lui et cela, au moment même où il avait le plus de succès apostoliques. Quant aux grâces extraordinaires dont il était comblé, elles ne faisaient que creuser en lui un plus profond abîme d'humiliation. « Je me dis souvent, écrivait-il, que Notre-Seigneur doit être bien humilié dans ses membres mystiques pour être

1. Notes du 26 Mars 1886.

réduit à me choisir; à peu près comme quand
un royaume est presque écrasé par l'ennemi,
on prend pour soldats et même pour généraux ceux qui seraient mieux dans les hôpi-
taux. Notre-Seigneur est venu appeler les
borgnes, les boiteux, etc. Confiance! sa
gloire n'en sera que plus grande [1]...

« Dans mes Œuvres, je vois si clairement
que rien ne m'est dû, qu'on m'accorde plutôt trop, en sorte que quand il y a des contradictions, je me dis : C'est encore moins que je
n'attendais si on considérait mon petit mérite [2].

« Mes infidélités humilient mon cœur plus
que des péchés graves ne peuvent humilier
tel ou tel malheureux. Pourquoi ? Parce que
j'ai mille et mille fois plus de secours que lui
pour être fidèle ; parce que le contraste entre
ce qui est de Dieu et de la créature est plus
grand en moi que dans ce pécheur... D'autres
fois, pour m'humilier, il vaut mieux ne pas
faire même ces raisonnements. Les plus
grandes grâces produisent alors des impressions ineffables d'humiliation dans la paix, et

---

1. Note du 27 Mars 1877.
2. Lettre du 2 Avril 1877.

c'est meilleur. Et puis, il y a le mépris de moi qui consiste à me mettre en oubli le plus possible, même dans un sens pour les intérêts spirituels... [J'ai éprouvé] souvent ceci : Etre comme inondé sans cesse de grâces extraordinaires pour les autres et rester sensiblement dans l'indigence sur plusieurs points pour moi-même. Ce contraste accepté, voulu, aimé, tue tout reste d'amour-propre ; c'est la béatitude de la pauvreté spirituelle ; il suffit pour rendre crucifiants les dons qui excitent le plus l'admiration [1].

« Combien je désirais, à la sainte Messe, que quelques-uns de mes enfants choisis (petits pénitents) que je vois avec amour grandir et se fortifier, glorifient Dieu plus que moi ! Oh ! que je suis peu content de moi ! Je pensais à l'évêque presque mauvais que Notre-Seigneur reprend dans l'Apocalypse parce qu'il est pauvre, nu, misérable. Il y a pourtant une différence. Le divin Maître ajoutait : Et tu ne le sais pas. Pour moi, je le sais, je le vois et je m'en console, et j'ai confiance en Jésus-Christ seul [2]. »

1. Note du 10 Juin 1877.
2. Note du 31 Juillet 1877.

« Quel contraste de plus en plus incommensurable entre ce que j'aurais été avec de simples secours ordinaires et l'œuvre de Dieu et de Marie en moi. Combien d'autres en auraient mieux profité! Il faut l'expérience des âmes pour voir ces vérités humiliantes dans une clarté qui confond [1]... Il y a dans ces lumières et d'autres encore une grâce complète pour s'abaisser autant qu'on est élevé et sans trouble, tout au plus avec un frémissement tranquille au fond de l'âme [2]. »

Son humilité se traduisait dans la pratique par la manière dont il embrassait l'humiliation, par le soin qu'il avait d'observer entre toutes cette Règle qui lui était très chère : « regarder les autres comme nous étant supérieurs. » Aussi remarquait-on, dans la vie de Communauté, qu'il cédait volontiers aux autres et ne contestait jamais, spécialement en récréation.

Donnons un exemple de l'accueil qu'il faisait à l'humiliation. Il la sentait vivement, mais s'en réjouissait pour l'amour de Notre-Seigneur Jésus-Christ.

Un jour, il se trouvait dans une Commu-

---

1. Note du 15 Mars 1878.
2. Note de Juin 1879.

nauté religieuse et il avait assisté le matin à sa Messe l'évêque du diocèse qui présidait une réunion de dames. Cet évêque estimait et aimait beaucoup le Père Rabussier; cependant, trompé et circonvenu par des cancans féminins, il crut que le Père s'était ingéré indiscrètement dans la direction de quelqu'une de ses pénitentes. Au déjeuner qui suivit la Messe, Monseigneur commença à faire à ce sujet des reproches très vifs et très mortifiants au Père Rabussier. La religieuse qui servait et assistait à cette scène était stupéfaite de voir le Prélat, habituellement si paternel et si calme, parler d'une manière tellement dure et en sa présence. Toute hors d'elle-même, elle ne put s'empêcher de raconter le fait à une personne de confiance en ajoutant que le Père s'était mis humblement à genoux pour recevoir la réprimande et n'avait pas dit un mot d'excuse ou d'explication, bien qu'il ne fût nullement en faute.

La confidente attendait précisément le Père pour lui parler après le départ de Monseigneur. Il vint à elle, le visage enflammé et le sourire aux lèvres; seulement, lorsqu'il eut donné à cette âme les paroles de consolation dont elle avait besoin, il la congédia en disant : « Eh bien! mon enfant, nous sommes ensemble sur la croix. »

Nul doute qu'en cette circonstance il n'ait pratiqué ce qu'il exprimait ainsi : « Je comprends si bien la vraie manière en cette vie d'embrasser Notre-Seigneur Jésus-Christ! C'est la même chose au fond qu'embrasser la croix, quand cet embrassement devient tout ce qu'il y a de plus intime.

« La croix, c'est Jésus-Christ, Dieu et homme immolé ; c'est moi ne faisant qu'un dans cette immolation de moi-même avec la croix; c'est la souffrance en moi divinisée, c'est-à-dire s'identifiant avec la perféction de la foi, de l'espérance et de la charité. Quand se fait en moi cet embrassement, cette union, cette identification de la croix de mon Sauveur, dans une grande souffrance, un grand brisement, une grande humiliation, c'est l'embrassement le plus parfait de Jésus. On n'a pas besoin pour cela, ni même idée des représentations sensibles, qui seraient comme l'ombre opposée à la lumière. Il n'y a pas de plus grande pureté sur la terre[1]. »

1. Lettre de Saint-Acheul, Juillet 1885.

Il nous reste à citer un certain nombre de faits relatifs aux dons gratuits que reçut le Père Rabussier.

« Au mois de Février 1880, le Père Rabussier, alors en résidence à Bourges, fit un jour une visite à Mme R. Elle avait trois enfants : Marcel, Raoul et Albert. On les lui présenta pour qu'il les bénît. S'arrêtant devant Albert, qui était tout petit, il lui fit un signe de croix sur le front en disant : « Ah! celui-là sera des nôtres. » Il est aujourd'hui Jésuite et vient d'être ordonné prêtre en Chine, à Chang-Haï[1] » (Avril 1911).

« Le Père Rabussier avait reconnu la vocation religieuse chez une jeune personne qu'il dirigeait. Le prétexte que celle-ci donnait pour ne pas suivre cette vocation était l'irréligion de son père qu'elle voulait, en restant dans le monde, essayer de ramener à Dieu. Elle se maria donc. Mais quelques années après, son père mourut subitement sans sacrements. « Si elle m'avait écouté, dit alors « le Père Rabussier à l'une de ses amies, son « père aurait reçu les secours de la religion.

1. Lettre de M. J. V., à Saint-Amand (Cher).

« Mais le bon Dieu saura bien en venir à ses
« fins : elle se fera religieuse un jour. »

« En effet, elle perdit peu après son mari
et, comprenant enfin les desseins de Dieu,
elle entra au couvent[1]. »

« Une personne avait dit au Père Rabussier qu'elle priait pour les prêtres qui faiblis-
saient. « Oh! très bien, lui répondit le Père;
« mais dans cette voie, vous aurez beaucoup
« à souffrir. D'abord, on souffre en propor-
« tion de la capacité d'amour que l'on a, et
« vous avez le cœur très aimant. A une heure
« donnée, vous vous sentirez abandonnée,
« travestie auprès de l'autorité qui vous est
« si chère. Dieu ne vous manquera pas. »
La personne ne voulut pas croire cette prédiction, mais l'événement lui prouva la longue vue de ce saint religieux. »

« A une personne qui se plaignait de peines
de famille, le Père Rabussier répondit : « Ayez
« patience; le moment approche où votre
« beau-frère aura une grande épreuve qui
« le ramènera près de vous. » Peu après, le
beau-frère perdait un enfant et oubliait
toutes ses rancunes. »

1. Lettre de Monsieur J. V.

« A l'époque de la fondation de Notre-Dame de Wisques, le Père Rabussier dit à Madame l'Abbesse de Sainte-Cécile: « Ah! vous faites une fondation en 1889, prenez garde à 1893! » Madame l'Abbesse a raconté ce fait en 1893, l'année où la Congrégation fut bien éprouvée [1]. »

« Au mois de Juin 1895, le Père Rabussier vint voir à J. une religieuse à laquelle le bon Dieu m'avait intimement liée et qui était sa fille spirituelle. Atteinte d'une tuberculose généralisée, elle était à la dernière extrémité et on attendait la mort de jour en jour. En la quittant, le Père me dit : « Elle ne mourra « pas encore; le bon Dieu vous la laissera, « vous en avez trop grand besoin. » En effet, contre toute prévision, elle vécut jusqu'au 25 Août 1896 [2]. »

« Le Père Rabussier confia à une religieuse bénédictine qu'après la mort de Pie IX, tandis qu'il parcourait la liste des Cardinaux, il se sentit saisi à celui du Cardinal Pecci, évêque de Pérouse, qu'il n'avait jamais remarqué autrefois. Il avait l'intuition que c'était là

1. Lettres de S***.
2. Lettre de Mme F.

Rabussier.   19

l'élu de Dieu et pria beaucoup durant le Conclave pour que le choix du Sacré Collège se fixât sur lui. Lorsqu'il apprit l'élection, il fut tellement ému, qu'il dut se retirer pour verser des larmes de reconnaissance. En même temps, Dieu lui montrait l'âme grande, lumineuse et forte de Léon XIII ainsi que les angoisses indicibles qu'il souffrit en assumant le fardeau écrasant de la Papauté. »

« En 1890, Mme E. V. attendait un enfant. En lui promettant ses prières, le Père Rabussier lui dit que ce serait une fille. L'événement justifia la prédiction. Le Père passant dans la ville où habitait Mme E. V. vint bénir la mère et l'enfant. En s'arrêtant devant le petit berceau, il devint tout à coup triste, puis se rassérénant il dit : « Ah! j'ai cru un « moment que son Ange gardien voulait l'em- « mener ; mais non, elle ne mourra pas jeune. » Quelques années après, l'enfant tomba gravement malade ; confiante dans la parole du Père Rabussier, sa mère n'éprouva aucune inquiétude et en effet l'enfant guérit[1]. »

« Au moins d'Avril 1891, raconte Mme G. V.,

---

1. Témoignage de Mme E. V.

le Père Rabussier étant dans mon salon m'annonça la naissance d'un troisième enfant. Il y avait douze ans que je n'avais pas eu d'enfants et je ne pensais plus en avoir. Il ne m'a pas dit : « Vous aurez d'autres enfants, » mais : « Vous aurez un troisième enfant. » Le 12 Novembre 1892, c'est-à-dire dix-huit mois après, Jean venait au monde. Mme G. V. avait beaucoup prié pour que son fils aîné eût la vocation sacerdotale. Quelques mois après la prédiction faite au sujet de la naissance de Jean, le Père Rabussier dit à une amie de Mme G. V. : « C'est celui-là qui sera prêtre. » Durant l'été de 1910, tandis que Jean se préparait à entrer au Grand Séminaire, sa mère lui dit, pour sa consolation, la double prédiction du Père Rabussier à son sujet[1]. »

« Un jour, écrit Mme F., nous étions allés voir le Père Rabussier à Paris (mon mari et moi) chez les Bénédictines du Saint-Sacrement, rue Monsieur, où il prêchait une retraite. Au moment où il nous reconduisait, la pluie venait de commencer et tombait très

____

1. Témoignage de Mme G. V. (Saint-Amand, Cher) et de son amie.

fort. Le Père leva les yeux au ciel : « Rendez-
« vous directement chez vos parents, rue
« Servandoni, nous dit-il, sans vous presser
« mais sans vous arrêter; vous ne serez pas
« mouillés. » Nous partîmes confiants dans
sa parole et sans recevoir une seule goutte
d'eau; mais à peine étions-nous entrés dans
la maison que l'eau se mit à tomber à flots
comme s'il n'y avait pas eu interruption[1]. »

« Le Père Rabussier étant venu faire une visite à la Communauté de... fut prié par le Supérieur d'entendre les confessions extraordinaires des religieux. Il accepta de le faire le
lendemain et il passa la nuit au couvent. Peu
de temps après, il disait à un de ses amis qui
le répéta à l'auteur de cette note : « Je ne sais
« ce qui se passe dans cette maison ni ce qui
« va lui arriver; mais, la nuit que j'y ai passée
« j'ai souffert comme j'ai rarement souffert
« dans ma vie. » L'événement a justifié cette
confidence du Père Rabussier. On découvrit
dans cette Communauté de graves abus qui
furent tardivement et faiblement réprimés.
Proscrite ensuite par la persécution, la

---

1. Lettre de Mme F.

Communauté n'a cessé de péricliter et si Dieu ne la sauve par un secret de sa miséricorde, elle ira fatalement à une ruine irréparable[1]. »

Comme complément à ce témoignage, nous faisons remarquer que la nuit de souffrances du Père Rabussier précéda l'audition des confessions. Nous savons encore qu'il annonça à un autre confident la ruine, non de la Congrégation entière, mais de la maison où il se trouvait. Il lui dit « le visage à la fois rayonnant de surnaturel et attristé, que les… allaient avoir sous peu à endurer de graves tribulations. Rien alors ne faisait prévoir ce qui arriva quelques mois après et bien avant les expulsions légales contre les Congrégations[2]. »

« Le Père Rabussier venait de prêcher une admirable retraite aux… et le R^{me} Abbé, notre ami, l'amena dans notre monastère. Il demeura deux heures en prières auprès des reliques, trésor de cette église abbatiale. Là il fut profondément et douloureusement informé et impressionné de grands malheurs qui devaient atteindre notre Communauté, sans

1. Témoignage du T. R. P***.
2. Lettre du T. R. P. Dom C.

détails toutefois. Il ne put dormir cette nuit-là, étant constamment sous le coup de cette extraordinaire émotion. Le matin, après s'en être ouvert au R^mo Abbé de... et lui avoir demandé conseil, il m'en fit part. Il repartit dans la même journée et je n'ai plus eu l'occasion de le revoir.

« A quelque temps de là, commencèrent par notre expulsion de l'église abbatiale (par une sorte d'émeute), de... puis de la France et d'autres événements, les épreuves dont le serviteur de Dieu avait reçu l'avertissement [1]. »

Le P. Rabussier dit un jour à un riche industriel du Nord : « Il vous faudra quitter les affaires en telle année. » Le moment venu, M. C. se ressouvint de cette parole, mais n'en tint aucun compte, ses affaires étant en pleine prospérité et aucune menace alarmante ne compromettant l'avenir. Cette même année, par suite de certaines modifications imprévues dans les traités commerciaux avec l'Angleterre, M. C. subit de fortes pertes qu'il aurait évitées s'il avait suivi le conseil du P. Rabussier.

----

1. Lettre du T. R. P. Dom ***.

« Ce que nous allons rapporter du P. Rabussier, de vénérée mémoire, date de 1884 ou 1885, époque où ses visites à Solesmes furent le plus fréquentes.

« Une des moniales s'était trouvée dans un petit embarras spirituel. Pendant la nuit, la solution lui fut clairement donnée par un conseil prononcé en paroles distinctes. La Sœur ne dormait pas, elle en est absolument sûre. Ces paroles portaient si bien la marque et le ton du Révérend Père que, le voyant peu après, elle lui raconta le fait et lui dit : « C'est sans doute vous-même qui m'avez ti- « rée de là? » Le Père sourit et répondit : « Le bon Dieu permet souvent au bon Ange « de donner la lumière désirée. — La ré- « ponse, ressemblait plus aux vôtres, mon « Père. — Mais le bon Ange peut prendre « la forme qui plaît à Dieu. — Prendrait-il le « mot qui caractérise un homme? — Peut-être « bien que oui, mais, dans ce cas, je crois « que ce pourrait bien avoir été moi, » fit-il en riant de l'insistance de son interlocutrice.

« Le Père Rabussier, ordinairement peu ami des longs discours, avait pris la peine de renseigner une Sœur sur les matières spirituelles. Au commencement de l'entretien, il lui avait expliqué, sans aucune question de sa part, les interrogations qui demeuraient dans le secret de son âme. Puis, s'arrêtant tout à coup : « Ce n'est pas au directeur, dit-il, « de donner la signification des faits surna- « turels aperçus dans l'oraison. Vous verrez « plus tard. » La prédiction s'est réalisée.

« Quand ce sujet fut épuisé, il renvoya la Sœur, lui disant de revenir le trouver à telle heure. Elle obéit. Alors, il reprit ses enseignements sur l'oraison surnaturelle, mais il changea pour ainsi dire d'aspect extérieur au bout de quelques instants, sa parole prenant une autorité et une vigueur spéciales. La Sœur était assise, par invitation du Révérend Père ; elle vit comme un rayon d'en haut illuminer le visage du saint homme qui lui dit au même instant : « Mettez-vous à genoux, le Saint-Esprit est bien ici. » De fait, la Sœur continua à écouter à genoux ce qu'il disait dans une immobilité absolue et sous l'influence de ce rayon tellement visible qu'on l'aurait pour ainsi dire saisi, si la lumière était palpable. Cependant, ce rayon demeura un certain temps, puis s'évanouit pour laisser le Révérend Père revenir à son aspect ordinaire. Mais il était content et expansif comme s'il avait réellement goûté le don de Dieu qui passait à travers sa parole.

« De ce fait, la soussignée est absolument certaine, elle en ferait serment au besoin[1]. »

« Une moniale privée de suivre l'observance, à cause de la fièvre, désirait être guérie par les prières du Père Rabussier. Elle crut une nuit le voir entrer chez elle et à son exclamation de surprise, il répondit : « C'est seulement pour vous dire que je « viendrai en Décembre et que ce que vous « désirez vous sera accordé. » Or, le Père Rabussier devait prêcher l'Avent dans le Midi et ne pouvait pas venir en Décembre. Cependant, ses paroles avaient imprimé une telle conviction dans l'esprit de la religieuse qu'elle ne pouvait s'empêcher de compter sur sa visite. En effet, le prédicateur de

---

1. Témoignage de Mme l'Abbesse de N.-D. de W. Plusieurs personnes ont observé chez le Père Rabussier des faits analogues d'illumination avec quelques différences. Telle voyait le rayon venant de l'extérieur. Pour telle autre, la lumière semblait venir du dedans : c'était en quelque sorte comme le rayonnement de la lumière et de l'amour dont l'âme du Père était remplie qui transparaissait sur son visage.

Saint-Pierre [1] ayant fait défaut, on fit des démarches pour avoir le Père Rabussier. Il vint et obtint le soulagement désiré par la religieuse. « Ce n'était pas moi, dit ce bon « Père, mais mon Ange gardien prend ainsi « parfois ma forme pour aller trouver des « personnes auxquelles je m'intéresse spé- « cialement[2]. »

« Le Père Rabussier, de la Compagnie de Jesus, avait à un haut degré et d'une façon *habituelle* le don de pénétrer les secrets des cœurs et de lire dans les âmes à distance. Je connais au moins une trentaine de personnes sérieuses qui seraient prêtes à affirmer ces choses par serment comme je le ferais moi-même.

« Un jour, comme je manifestais ma surprise de tout ce qu'il voyait, même pour de petites fatigues de santé dont je n'avais parlé à personne, il me répondit simplement : « Mais je vous suis toujours, à la façon de « votre bon Ange ; plus tard, je vous expli- « querai comment cela se fait. » Hélas ! ce plus

1. Abbaye des Pères Bénédictins.
2. Témoignages recueillis à Solesmes.

tard n'est pas arrivé pour moi. Mais j'ai bien constaté la fidélité avec laquelle il me suivait lorsqu'il répondait à mes tentations immédiatement, alors qu'il se trouvait à l'autre extrémité de la France, et sans que personne ait eu le temps de le prévenir. Un jour, Mme l'Abbesse me remit une de ses lettres en me disant : « Eh bien! si l'on ne connais- « sait pas son don de voir les âmes à dis- « tance, cette lettre le prouverait. » Ce bon Père répondait à toutes mes pensées; l'une d'elles, cependant, n'avait pas été manifestée à Mme l'Abesse; il eut la délicatesse d'y répondre dans des termes que j'étais seule à pouvoir comprendre.

« Pendant une très grave maladie, le Révérend Père avait eu la charité de venir me préparer à une mort que l'on croyait prochaine; il me fit faire une confession générale dans laquelle il me signala les fautes que j'oubliais; puis je lui dis : « Mon Père, puisque je vais « rejoindre vos filles qui sont déjà en para- « dis, voulez-vous me donner votre bénédic- « tion que je leur porterai. » Son visage s'illumina. « Ah! elles sont ici », me dit-il. On le sentait en contact avec le monde surnaturel;

mais ce contact lui semblait si simple qu'il devait en avoir une grande habitude.

« Sa patience avec les âmes était à toute épreuve et sa direction *vraie*. Parfois, il avait des paroles brèves qui opéraient aussitôt et facilement dans l'âme ce qu'elles demandaient. Une enfant avait peur de la vocation religieuse; ce seul mot : « Je vous « permets de remercier Dieu de vous avoir « appelée », suffisait à changer les craintes en un attrait qui ne s'est plus démenti.

« Le Révérendissime Père Abbé me dit qu'il avait constaté le bien opéré dans les âmes par ce don de pénétration accordé au Révérend Père Rabussier. Comme nous causions d'une circonstance dans laquelle le Révérend Père avait répondu vaguement (comme s'il ne voyait pas), le Révérendissime Père Abbé me répondit : « Voilà ce qui « prouve que les lumières venaient de Dieu ; « une simple *pénétration naturelle* aurait été « toujours égale. »

« Toutefois, il est évident que tous les jugements particuliers sur cet humble et vrai serviteur de Dieu sont soumis au grand jugement de la sainte Eglise qu'il a tant aimée, si bien servie, et dont il a gardé la foi si pure[1]. »

Une personne amie de Solesmes ajoute le trait suivant: « Les Pères Bénédictins de Solesmes estimaient beaucoup le Père Rabussier ; ils le considéraient comme un savant et un saint ; ils admiraient la facilité avec laquelle il répondait sans hésitation aux questions les plus complexes. Un jour, plusieurs d'entre eux convinrent ensemble de l'éprouver en lui soumettant un cas assez difficile. Il leur donna aussitôt la solution désirée ; et les Pères Bénédictins disaient ensuite : « Vraiment, pour que le Père Rabussier ait répondu aussi promptement et aussi juste, il faut qu'il soit assisté très particulièrement du Saint-Esprit et qu'il en reçoive des lumières spéciales[2]. »

« En l'année 1876, le Père Rabussier prêchait aux Carmélites [de Bourges] devant un très nombreux auditoire ; c'était le 23 Janvier, jour où l'on célèbre les Fiançailles de la Très Sainte Vierge ; il traitait ce sujet avec sa déli-

---

1. Témoignages de Solesmes.
2. Témoignage de M· M. L. L.

catesse ordinaire. Tout à coup, il dit avec un accent inoubliable : « Si vous voyiez comme je « la vois cette sainte union ! » Puis il se tut et ne put plus rien dire. Tout le monde qui était présent, en quittant la chapelle, disait : « Le Révérend Père a eu une vision. » Ce même jour, je crois, il a dit que c'était la dernière fois qu'il prêchait dans cette chapelle et la chose s'est vérifiée[1]. »

« La direction du Père Rabussier avait quelque chose de prophétique qui jetait les âmes dans l'étonnement, quelques-unes dans l'effroi. En voici un exemple. Il prêchait dans notre Carmel pour la fête de Notre-Dame du Mont-Carmel. Une jeune fille venait d'arriver de fort loin et se disposait à entrer après la cérémonie ; elle s'était mêlée à l'auditoire pour écouter le sermon. Après la cérémonie, le Révérend Père vint à la porte de clôture pour bénir la prétendante ; là, il lui dit tout bas : « Mon enfant, aussitôt entrée, venez me « trouver au confessionnal, j'ai un mot à vous « dire. » Ce n'était pas banal d'entendre cette enfant demander avant toutes choses la per-

1. Lettre de Sœur Sainte-A., Religieuse Ursuline.

mission d'aller trouver le Père au saint Tribunal. Elle en sortit bouleversée, le Père venait de lui dévoiler les choses les plus secrètes sur son âme, entre autres une faute dite à un seul confesseur[1]. »

« C'était à C..., en 1887, probablement en Juin, je ne saurais préciser la date. Mme C., inquiète de la santé de sa fille, m'exprima le désir de consulter notre médecin, le docteur V., dont je lui donnai l'adresse. Peu de jours après, le docteur V., chez qui mon mari et moi étions en consultation, nous dit que, connaissant notre intimité avec la famille C., il était bien aise de nous voir pour nous confier une mission extrêmement délicate ; il voulait me demander de prévenir Mme C. de l'état de sa fille. « Ces dames sont venues hier, disait-il ; « j'ai ausculté longuement Mademoiselle C., « elle est perdue ; il y a cavernes dans « les poumons, et rien ne peut empêcher la « phtisie de faire son œuvre, surtout étant « donné l'ensemble du tempérament ; il est « donc urgent de l'empêcher d'aller à L., car « l'air de la mer l'achèverait très vite. » Le

---

1. Témoignage recueilli au Carmel de Fontainebleau.

Docteur n'avait pu obtenir de Mme C. la promesse qu'elle n'emmenât pas sa fille au bord de la mer à L., et, d'autre part, il n'avait pas osé dévoiler la vérité à une mère si anxieuse de la santé de son enfant; voilà pourquoi, ne doutant pas de notre discrétion, il pensait que je pourrais me charger de cette mission. A mon tour, il me parut extrèmement difficile de dire ces choses à une mère si affectueuse, et d'accord avec mon mari, nous nous rendîmes à l'église de Saint-Etienne pour tout confier à Monsieur l'Abbé Henri C., vicaire de Saint-Etienne, et frère de Mademoiselle L. C. Celui-ci promit de faire le nécessaire et conseilla à Mme C. de consulter à nouveau pour sa fille leur médecin habituel. Je vis Mme C. peu après; elle me fit cette remarque : « Ce médecin est effrayant; à « l'entendre, on croirait ma fille perdue; le « vôtre ne l'a pas condamnée ainsi, heureu- « sement, et malgré tout, je crois que l'air « de la mer la fortifiera. »

« J'avais le cœur navré de tout ceci lorsque le Père Rabussier passa à C. se rendant à Cherbourg. Je lui confiai toute ma peine au sujet de Mlle L. C.; il me répondit : « Je

« vais dire la Messe et prier pour elle. » Il dit la sainte Messe à l'église de Notre-Dame de Charité ; je le vis après son action de grâces, il s'exprima ainsi : « Ne craignez « rien pour votre amie, mon enfant, Notre- « Seigneur me l'a donnée pour mes œuvres : « elle sera religieuse ; laissez-la aller à la mer, « prendre des remèdes ou n'en pas prendre, « cela n'a pas la moindre importance ; ayez « confiance. »

« Si toutes les paroles ne sont pas tout à fait textuelles, je puis dire que le sens est absolument exact. Le Père tenait beaucoup à la discrétion ; voilà pourquoi on gardait le silence sur ces choses et autres du même genre [1]. »

La suite des événements justifia de tous points les paroles du Père Rabussier. Mademoiselle L. C. guérit et entra au couvent en 1891. Elle y vit encore, et si elle a eu plus d'une misère de santé, jamais sa poitrine n'a donné d'inquiétudes.

« Un hiver où j'avais été assez souffrante d'une bronchite, écrit une des filles spirituel-

1. Lettre de Mme F., signée aussi de son mari.

les du Père Rabussier, dès que je fus mieux je repris mes courses matinales. Ma mère tout inquiète s'en plaignit au Père : « Laissez-« la faire, lui dit-il, elle a besoin de Notre-« Seigneur ; du reste, c'est l'âme qui soutient « le corps. Mais nous prierons, et il ne lui « arrivera pas de mal. » En effet, à la fin de l'hiver, j'étais tout à fait bien.

« Ma mère expérimenta pour elle-même quelques années plus tard toute l'efficacité des prières du Père qui, cette fois, se déroba derrière sainte Thérèse. Atteinte d'une phlébite dont les caractères avaient une grande gravité, nous pouvions tout redouter. J'allai trouver le Père et lui exposai la situation de notre chère malade : « Ayez confiance, me dit-« il, allez prier devant les reliques de sainte « Thérèse » (ces reliques étaient exposées dans la chapelle du Carmel pendant le mois d'Octobre), « je prierai aussi ; ce ne sera rien. » Je rentrai à la maison et trouvai ma mère beaucoup mieux. Dans la soirée, le médecin constata une telle amélioration qu'il en était tout surpris. Quinze jours après, la guérison était complète [1]. »

1. Témoignage de Mlle M. A. F.

Le Père Rabussier avait un don spécial pour assister les mourants et il semble bien qu'en plus d'une occasion Dieu intervint d'une manière extraordinaire, soit pour avertir le Père de la nécessité où se trouvaient ses enfants à l'agonie, soit pour procurer à ces derniers le bienfait de sa présence.

Il entendit une fois de ses oreilles les plaintes navrantes d'une malade qui agonisait à cent lieues de lui. En même temps, il connaissait par une certitude intérieure de qui venaient ces plaintes. Deux jours après, il apprit la mort de la malade et deux mois plus tard, que les paroles et les cris qu'il avait entendus étaient bien exactement ceux qu'avait proférés la mourante.

La Supérieure d'un Orphelinat raconta à Mme B. le fait suivant que Mme B. elle-même relata immédiatement en ces termes : « La Supérieure me racontait hier qu'elle avait connu à O... une jeune femme mourante qui venait de mettre un enfant au monde. Cette pauvre femme aurait eu le plus grand désir de voir le Père dont elle était la fille spirituelle, elle ne cessait de le demander; mais le bon Père était trop loin et le temps pressait. Le

soir de ce même jour, me dit-elle (c'est la
Supérieure qui parle) je retourne voir ma
pauvre malade, et quel ne fut pas mon étonnement de la trouver très mal assurément, mais
comme transfigurée. Elle me dit : « Ah ! ma
« Sœur, que notre Père est bon ! Il savait bien
« que je désirais tant le voir et il est venu. »
Et comme, toute saisie, je la regardais sans
comprendre et croyais à une hallucination
ou divagation, j'interrogeai sa garde qui était
aussi une religieuse. Voici sa réponse : « Ma
« Sœur, il n'est entré personne, mais à un
« moment, j'entendis comme un frôlement
« et deux voix se parlant ; instinctivement,
« je me suis reculée pour ne pas entendre,
« mais je regardai ma malade ; alors, sa
« figure à ce moment-là était tout illuminée
« et elle faisait le signe de la croix en s'in-
« clinant comme sous une main bénissante. »
Et la bonne Supérieure ajouta que leur conviction à toutes deux fut que c'était l'ange
gardien du bon Père qui était venu accomplir
le désir si ardent de cette pauvre mourante
et la consoler [1]. »

---

1. Lettre de Mme A. B.

« En 1876, autant que je puis me souvenir,
un jour où je parlais du Père Rabussier avec
Mère de ***, Maîtresse générale au Sacré-
Cœur d'O..., et que je lui disais combien je
le trouvais bon et saint, elle me répondit
qu'il était un grand ami du bon Dieu qui lui
faisait des dons extraordinaires, ainsi qu'il
avait le don de bilocation et qu'étant à prêcher une retraite dans un Sacré-Cœur du
centre (Niort ou Angoulême, je crois), il s'était
trouvé en même temps à... (je me fis l'idée
que ce pays était sur les confins de l'Alsace
et de la Suisse), pour assister une personne
qui était sur le point de mourir et avait de
grandes anxiétés. Cette personne, pendant de
longues années, avait toujours prié la sainte
Vierge pour être assistée à sa mort par le
Père Rabussier.

« Par discrétion pour la Mère de *** qui
me parlait d'une façon un peu voilée, je
n'osai poser aucune question[1]. »

« Tandis que le Père Rabussier prêchait
une retraite dans une Communauté religieuse
du côté de l'Ouest (comme serait Niort), il

1. Témoignage de Sœur M. A.

aurait été vu au lit de mort d'une de ses filles spirituelles, Mlle de ***, âgée d'une cinquantaine d'années, et habitant un château situé dans les montagnes, en France, mais du côté de la Suisse (Franche-Comté, Jura). Cette personne avait, durant toute sa vie, prié pour obtenir la grâce d'être assistée par le Père à ses derniers moments et il le lui avait promis. Elle était de plus, à l'heure où parut le Père, accablée d'angoisses terribles qui se calmèrent aussitôt, et le Père l'assista jusqu'à la fin. On ajoutait que ce fait extraordinaire ne pouvait être révoqué en doute, puisque le Père se trouva au lit de mort de Mlle de *** à 8 heures du matin et que le même jour, il célébrait la sainte Messe dans le couvent où il prêchait la retraite [1]. »

« Mère de *** nous raconta (en 1876 autant que je puis me le rappeler) le fait suivant pendant une récréation du soir. Le voici tel que je le retrouve dans mes souvenirs :

« Une pieuse personne de Niort (?) Enfant de Marie du Sacré-Cœur et très fidèle à la

---

1. Témoignage de Sœur G. C.

direction du vénéré Père Rabussier, se voyant sur le point de mourir, désirait beaucoup le revoir encore une fois pour se préparer à la mort et être assistée par lui. Elle fit écrire au Révérend Père une lettre pressante par une de ses parentes, sa sœur, je crois, lui demandant instamment de venir. Etant absent de sa résidence, il ne répondit pas tout de suite ; mais un ou deux jours après, il vint voir la malade, s'entretint longuement avec elle au vu et au su de toutes les personnes de la maison, et la quitta extrêmement consolée, réconfortée. Elle mourut peu de jours après, bénissant le bon Dieu de la grâce qu'il lui avait accordée dans cette visite providentielle.

« A quelque temps de là, le Père passait à Niort et une parente de la malade (celle qui avait écrit la lettre, je crois) vint le voir et le remercier, lui disant toute la consolation que sa visite avait apportée à la mourante et à sa famille. « Mais je n'y suis pas allé, répon-« dit le Père Rabussier, j'étais à *** où je pré-« chais une retraite. » La visiteuse insistant et disant que tout le monde l'avait su et que ce n'était plus un secret, le Père répondit

simplement : « Peut-être le bon Dieu, pour le
« plus grand bien de cette âme et pour la con-
« soler de sa fidélité, a-t-il permis que mon
« bon ange vînt la réconforter et l'encourager
« à ma place. »

« Il me semble que ces faits ont dû se
passer au plus tard avant l'arrivée de Mère
de F... à O. où [venant de Niort] elle a été
appelée en Septembre 1874[1]. »

Il est regrettable que ces derniers témoignages n'aient pas toute la précision que
l'on pourrait désirer. Ce qui est certain, c'est
que parmi les âmes nombreuses qui connaissaient le Père Rabussier, il y avait cette
opinion que Dieu lui avait départi en diverses rencontres le don de bilocation. On en
parlait très peu entre soi et encore moins au
Père pour ne pas blesser son humilité que
l'on savait très délicate.

Notre travail est terminé. Nous sera-t-il
permis d'exprimer l'espérance qu'il contri-
buera à assurer un apostolat posthume à celui
dont nous avons voulu faire revivre la
mémoire.

1. Témoignage de M.- I.. de B.

« *Defunctus adhuc loquitur.* » Il n'est plus ici-bas, mais ne parle-t-il pas encore par sa vie tout orientée vers Dieu, par l'exemple de ses vertus, l'élévation de ses pensées, la prudence de ses enseignements? Puissent les personnes qui l'ont connu le retrouver vivant dans ces pages! Puisse « l'apôtre de la vie intérieure » voir s'ouvrir devant lui, avec ce modeste ouvrage, la nouvelle carrière que Dieu donne volontiers, disait-il, « à ceux qu'Il a bien crucifiés sur la terre ». Puisse-t-il continuer, dans son éternité, l'œuvre de sa vie mortelle : glorifier les Sacrés-Cœurs de Jésus et de Marie.

APPENDICE

RÈGLEMENT DE L'ASSOCIATION
DES ZÉLATRICES DE LA SAINTE FAMILLE

Reverendissima Madre,

Corrispondendo al desiderio, da Lei espressomi, non ho mancato di rassegnare nelle venerate mani del Santo Padre il Regolamento delle Zelatrici della Santa Famiglia che Ella mi pregava di fargli pervenire. Sua Santità accolse l'omaggio con sensi di viva compiacenza e, mentre fa voti perchè il Signore ricompensi con abbondanti frutti le buone intenzioni e le fatiche di Lei, come pegno della Sua speciale benevolenza imparte a Lei e all'Istituto, al quale Ella presiede, l'Apostolica Benedizione.

Mi valgo dell'incontro per ringraziarla dell'
esemplare del Regolamento anche a me favorito
e passo con piacere a raffermarmi con sensi di
perfetta stima,

D. V. M. Reverendissima

Aff^{mo} nel Signore

R. Card. MERRY DEL VAL.

Roma, 29 Luglio 1904.

Ma Très Révérende Mère,

Répondant au désir que vous m'avez exprimé,
je n'ai pas manqué de remettre entre les mains
vénérables du Saint-Père le Règlement des Zélatrices de la Sainte Famille que vous m'aviez prié
de lui faire parvenir. Sa Sainteté en a accueilli
l'hommage avec des sentiments de vive satisfac-
tion; Elle fait des vœux pour que le Seigneur
récompense par des fruits abondants vos bonnes
intentions et vos travaux. Comme gage de sa particulière bienveillance, Elle vous accorde à vous
et à votre Institut la Bénédiction Apostolique.

Je profite de la circonstance pour vous remercier de l'exemplaire du Règlement que vous
m'avez offert et suis heureux de me redire avec

des sentiments de parfaite estime, ma Très Révérende Mère,

Votre très dévoué dans le Seigneur

R. Card. MERRY DEL VAL.

Rome, le 29 Juillet 1904.

I

But de l'Association.

Le but de l'Association des Zélatrices de la Sainte Famille est de faciliter aux personnes du monde les moyens de s'adonner à une vie solidement intérieure, et de les attacher aux œuvres de zèle qui tendent directement au salut et à la régénération de la France. Telles sont la lutte contre les vanités du monde, la sanctification des dimanches et fêtes en famille, les catéchismes aux enfants pauvres, etc., etc.

II

Ce qu'on entend par la vie intérieure.

La vie intérieure consiste à envisager l'abnégation entière comme le moyen suprême de perfection évangélique, la vie en Dieu et pour Dieu comme l'unique nécessaire à toute notre destinée sur la terre; les exercices spirituels et surtout l'oraison comme l'âme de notre âme et l'aliment de l'esprit. Elle nous apprend à chercher en toutes choses l'amour vrai, intime et pratique de Notre-Seigneur Jésus-Christ; à profiter si fidèlement des croix de cette vie pour s'unir à Lui, qu'on ira, s'il le faut, jusqu'à remercier la Providence qui les envoie et le divin Sauveur auquel elles nous unissent. La vie intérieure, c'est le cœur mort, enseveli et ressuscité avec les saints Cœurs de Jésus et de Marie; c'est le royaume de Dieu établi au dedans de nous-mêmes par le plus grand esprit de foi et la conformité entière au bon plaisir divin; c'est la sainte habitude de reconnaître et d'écouter les inspirations du bon Ange, et de les distinguer des suggestions de la nature, des illusions même subtiles du démon. C'est encore l'application fidèle, coûte que coûte et à travers toutes les peines, à l'examen tant général que particulier et à la méditation de chaque jour, que l'on met bien au-dessus des autres pratiques de piété. La vie intérieure en un mot, ce sont toutes ces saintes choses comprises comme tant de saints ont aimé à les entendre et à les retrouver dans le Livre d'or des Exercices spirituels

de saint Ignace, fondateur de la Compagnie de
Jésus.

Pour parvenir plus sûrement à la vie intérieure, les Zélatrices de la Sainte-Famille s'enga-
gent, mais non pas sous peine de péché, à pratiquer le présent règlement.

III

Convenance du nom de Zélatrice
de la Sainte Famille.

Le nom de Zélatrices de la Sainte Famille ne
veut pas dire qu'elles sont affiliées ou agrégées à
la Sainte Famille du Sacré-Cœur; la règle de la
Sainte Famille du Sacré-Cœur, comme celle de
la Compagnie de Jésus, interdit d'avoir un tiers
ordre ni rien qui y ressemble.

Les Associées s'appellent Zélatrices de la Sainte
Famille, parce que leur vie intérieure, à l'exemple de celle de la Sainte Famille de Nazareth,
devra leur inspirer nécessairement le dévouement pour tout ce qui est de nature à avancer le
règne du Sacré-Cœur dans les âmes, le zèle de
la plus grande gloire de Dieu. Elles se proposent
donc, outre leur salut et perfection propres, le

salut et la sanctification de la famille chrétienne :

1° Par la prière en famille devant l'image de la Sainte Famille et la propagation de cette dévotion ;

2° Par la sanctification des dimanches et fêtes en famille ;

3° Par la lutte contre les vanités du monde, purgeant la famille des mauvais livres, mauvais journaux, et objets d'art ou représentations immodestes ;

4° Par l'enseignement de la doctrine chrétienne, soit le texte du catéchisme et des prières du chrétien ; soit l'explication donnée à la manière dont une mère pieuse la donne à un enfant bien-aimé ; soit la confirmation de ces explications puisée dans des récits si chers aux enfants, récits empruntés à l'histoire sainte, à l'Evangile, à l'histoire de l'Eglise ou aux histoires édifiantes, pourvu que celles-ci soient bien choisies.

Ce dernier objet de zèle est essentiel et fondamental ; c'est pourquoi il doit être estimé et aimé tout particulièrement. Il suffirait à lui seul à expliquer aux Zélatrices de la Sainte Famille la raison pour laquelle elles s'attachent à imiter la vie intérieure des Sacrés-Cœurs de Jésus et de Marie, sous la protection de saint Joseph.

On ne saurait donc mériter le beau nom de

Zélatrice de la Sainte Famille sans faire le catéchisme aux enfants pauvres au moins une fois par semaine.

IV

Organisation.

L'Association des Zélatrices de la Sainte Famille est conduite par un Directeur, prêtre séculier ou régulier, agréé par l'Evêque diocésain.

Les Associées élisent entre elles, sur la proposition du Directeur, et pour un temps déterminé, une Présidente, deux Vice-Présidentes, quatre Conseillères, une Secrétaire et une Trésorière.

Tous les mois, le Directeur ou un autre prêtre désigné par lui présidera les exercices de la retraite du mois, donnera deux méditations aux retraitantes. Il leur expliquera, dans ces méditations, d'une manière simple, mais suffisamment approfondie, la doctrine et la pratique de la vie intérieure, les méthodes d'oraison de saint Ignace, non pas tant dans leur lettre que dans leur esprit; il les encouragera dans leur zèle pour l'Œuvre des Catéchismes. Le Directeur veille à ce que le Règlement soit exactement observé par toutes les Associées; il préside le Conseil de l'Œuvre et il règle ce qui concerne les réunions mensuelles. Les membres du Conseil feront connaître au Directeur avec autant de simplicité que de respect, le désir que pourraient avoir un grand nombre de Zélatrices d'entendre tel ou tel prêtre, soit pour la retraite du mois, soit pour la retraite annuelle.

La retraite du mois et la retraite annuelle ont lieu dans une communauté religieuse et ont le caractère des vraies retraites fermées, selon la méthode des Exercices spirituels de saint Ignace.

C'est le Directeur et le Conseil qui décident de l'admission des nouveaux membres. Aucune nouvelle Associée ne sera reçue définitivement avant un temps suffisant d'épreuve.

Cette organisation si simple et si large n'est autre que celle des Congrégations de la Sainte Vierge dont les Zélatrices de la Sainte Famille adoptent le règlement pour tous les points essentiels. Les Associées qui sont Enfants de Marie, remarqueront que le présent règlement leur prescrit un quart d'heure d'examen et une demi-heure de méditation, tandis que celui des Congréganistes de la Sainte Vierge ne propose ordinairement qu'un quart d'heure de méditation. On demande aux Zélatrices de la Sainte Famille un peu plus de prière mentale qu'aux Enfants de Marie, précisément parce qu'elles peuvent être choisies parmi les Enfants de Marie qui ont un vrai désir de donner quelque chose de plus à Notre-Seigneur comme vie intérieure et comme zèle des âmes.

On comprend alors comment, avec cette organisation, l'Œuvre des Zélatrices de la Sainte Famille ne peut être liée à une Communauté à l'exclusion d'une autre.

V

Lien avec la Sainte Famille du Sacré-Cœur.

Un lien mutuel existe entre les religieuses de la Sainte Famille du Sacré-Cœur et les Zélatrices de la Sainte Famille. Ce lien est la communauté d'esprit et les mêmes désirs du bien. Les Zélatrices de la Sainte Famille trouvent à la Sainte Famille du Sacré-Cœur tous les moyens de connaître et de pratiquer la vie intérieure des Exercices spirituels de saint Ignace. En retour de ce qu'elles y reçoivent, elles donnent abondamment les fruits d'un vrai zèle, d'un dévouement entier aux œuvres du Catéchisme. C'est dans ce lien si doux : services donnés et reçus, que se trouve l'idéal de la charité qui unit tous les cœurs dans le Sacré-Cœur de Jésus. Ainsi entendue, la charité est humble et discrète. C'est pourquoi les Sœurs de la Sainte Famille du Sacré-Cœur se réjouiront si d'autres religieuses font cette œuvre aussi bien et mieux qu'elles, parce que tel est le véritable esprit de saint Ignace.

VI

Instructions mensuelles ou retraites du mois.

Il n'est pas absolument nécessaire que les instructions mensuelles ou les retraites du mois soient données dans les maisons des religieuses de la Sainte Famille du Sacré-Cœur; il est même à souhaiter que les Zélatrices de la Sainte Famille puissent avoir leurs retraites mensuelles dans toutes les villes où elles sont en nombre assez considérable.

Néanmoins, quand la retraite du mois a lieu dans un couvent de la Sainte Famille du Sacré-Cœur, les religieuses et les Zélatrices de la Sainte Famille peuvent recevoir ensemble les instructions mensuelles. L'étude suffisamment approfondie de la vraie vie intérieure des Exercices spirituels de saint Ignace étant la source, la force, l'aliment du zèle, les religieuses de la

Sainte Famille du Sacré-Cœur et les Zélatrices de la Sainte Famille seront, là encore, tout heureuses de se trouver en communauté d'esprit et de règlement.

VII

Règlement particulier de chaque zélatrice de la Sainte Famille.

Le Règlement particulier de chaque Zélatrice de la Sainte Famille est, avant tout, le Règlement d'une Congréganiste de la Sainte Vierge.

Elle peut le résumer ainsi :

Chaque jour : 1º Une demi-heure de méditation, l'assistance au Saint Sacrifice de la Messe.

2º Un quart d'heure d'examen en comprenant dans ce quart d'heure les prières et autres actes qui précèdent et suivent nécessairement la recherche des fautes de la journée.

3º La récitation du chapelet accompagnée de la méditation des mystères du Rosaire, sans qu'il soit nécessaire pour cela d'employer plus de temps.

4º La visite quotidienne au Saint-Sacrement, et la lecture spirituelle sont conseillées et recommandées.

Dans le cas d'impossibilité d'assister à la **Messe,** ou si l'on s'acquitte de sa méditation pendant le temps du Saint Sacrifice, on doit remplacer la Messe elle-même par un autre exercice de piété quel qu'il soit.

Chaque semaine : Faire le catéchisme aux enfants pauvres au moins une fois.

Chaque mois : On mettra le plus grand empressement à assister aux instructions mensuelles ou retraites du mois. On regardera la retraite du mois comme une très grande grâce, tant à cause des instructions sur la vie intérieure qui y sont données et sont fondamentales dans l'Association, que parce qu'elle fournit une occasion **de** faire une sérieuse revue sur le mois écoulé **et** donne les moyens pratiques d'assurer le bien qu'on doit désirer réaliser dans l'Œuvre des catéchismes.

On ne manquera donc jamais la retraite du mois sans pouvoir en donner la raison au **Direc-** teur ou à la Présidente de l'Œuvre.

On devra relire ou méditer le Règlement de l'Association tous les mois.

Une Zélatrice aimera à mettre parmi ses pratiques de dévouement et de charité la fréquente visite aux parents des enfants qu'elle catéchise ; elle saura au besoin rendre aux religieuses de la Sainte Famille du Sacré-Cœur le très grand service de leur recruter des enfants à instruire, surtout des adultes.

Chaque année : 1° On célébrera quelques fêtes particulières, en les choisissant selon l'esprit des dévotions recommandées aux Zélatrices de la Sainte Famille ;

2° On fera une retraite méditée selon la méthode des Exercices spirituels de saint Ignace ;

3° On renouvellera deux fois l'an, mais jamais sous peine de péché, la promesse publique d'observer tous les points essentiels du Règlement.

VIII

Qualités des Zélatrices de la Sainte-Famille.

Deux qualités fondamentales sont requises pour être Zélatrice de la Sainte Famille : la constance et la discrétion. On n'arrivera jamais à une vie solidement intérieure sans la pratique de la constance, et on ne fera jamais un bien appréciable sans la discrétion. Donnons-en quelques motifs : La constance dans la vie intérieure est d'autant plus nécessaire à des Zélatrices de la Sainte Famille que, vivant dans le monde, elles sont exposées souvent à rencontrer des obstacles momentanés pour la régularité de leur

règlement. C'est par la constance dans la fidélité à la vie intérieure que le zèle devient invincible. Il est bien impossible de faire œuvre de zèle sans rencontrer des difficultés, des
croix; une vraie Zélatrice, si elle est constante, s'applique par le fait même au renoncement et à l'abnégation d'elle-même, vertus tellement opposées à la nature toujours prête à se
décourager en présence de l'obstacle, ou à faire
consister le zèle uniquement dans l'activité extérieure.

La discrétion est également indispensable à
une Zélatrice de la Sainte Famille pour se pénétrer de l'esprit de saint Ignace, rester dans le
monde sans être du monde, se sanctifier par la
pratique d'une vie solidement intérieure. Sans
discrétion, on choisira mal ses moyens de perfection, on ne saura pas garder la mesure et la proportion en toutes choses, on ne saura tout accom-
moder, ni même subordonner aux vrais devoirs
d'état. La discrétion est nécessaire aux Zélatrices de la Sainte Famille à cause de leurs fréquentes relations avec tant d'autres œuvres similaires; parce que cette Association demande un
certain mélange des personnes de conditions diverses; parce qu'elle met en rapport constant
avec le clergé, les Congrégations religieuses,
les enfants; parce qu'on ne peut être Zélatrice

si l'on n'est pas un modèle de charité, un lien d'union, et qu'il faut un grand tact pour combattre efficacement les mauvaises lectures, promouvoir les bonnes, lutter victorieusement contre les vanités du monde.

On veillera donc à ne pas introduire dans l'Association les personnes curieuses, qui aimeraient à se renseigner, sans en être aucunement chargées, sur ce qui concerne les autres Zélatrices. On se rappellera que notre Association ne donne à personne le droit de censure sur qui que ce soit des autres membres. Si l'on remarquait, sans le rechercher en aucune sorte, une faute notable, nullement secrète et tout à fait contraire à nos principaux engagements, on pourrait en avertir le Directeur ou la Présidente. Après cet acte de charité, on s'empresserait d'oublier ce dont on aurait cru devoir parler. Les deux défauts qui devraient motiver plus sûrement le refus d'admission sont l'inconstance, puis l'indiscrétion ou curiosité.

Il est à souhaiter qu'on reçoive dans l'Association des personnes de toute condition, qu'elles soient engagées ou non dans les liens du mariage. On demandera seulement que la nouvelle Zélatrice soit assez libre pour observer le Règlement, capable et sincèrement désireuse de s'y appliquer. Les personnes de condition plus élevée se

montreront simples et affables dans les retraites
du mois, bonnes et charitables dans les réunions
de l'œuvre des Catéchismes. De leur côté, les Associées qui sont d'une condition moindre se rap-
pelleront que c'est la Providence qui a établi et
sanctionné les différents degrés de position dans
le monde et qu'en dehors des liens établis par le
Règlement, chaque Zélatrice garde son indépendance et reste seule juge de ses relations avec
les autres membres de l'Association comme avec
telle ou telle Communauté religieuse.

IX

Dévotions et Fêtes de l'Association.

En général les Zélatrices de la Sainte Famille
éviteront l'engouement du nouveau qui essaie de
se glisser partout jusque dans la piété. Elles pré-
féreront, en fait de dévotion, ce qu'il y a de
plus solide, de plus approuvé, de plus universel,
les dévotions qu'elles pourront le plus facilement
inculquer aux enfants, par exemple les pieuses
pratiques en l'honneur de la Passion de Notre-
Seigneur, de sa Croix, de la Sainte Eucharistie,
du Sacré-Cœur, de la Très Sainte Vierge. Elles
aimeront à encourager les dévotions locales déjà

éxistantes et qui auraient un caractère vénérable d'antiquité, surtout lorsque, à tout autre motif, s'ajoutera celui de la réparation pour les profanations et autres attentats sacrilèges de nos époques d'hérésie et de révolution.

Les Zélatrices doivent honorer particulièrement la Sainte Famille de Nazareth sous le vocable et la protection de laquelle elles sont placées, type incomparable des vertus qui leur sont recommandées. Elles célèbrent en outre avec dévotion les fêtes suivantes : La fête de la Sainte Famille (IIIᵉ dimanche après l'Epiphanie); la fête du Sacré-Cœur ; celle de l'Immaculée Conception, du Cœur Immaculé de Marie refuge des pécheurs; la fête de saint Joseph, patron de la vie intérieure ; celle des saints Anges et de sainte Anne.

FORMULE DE CONSÉCRATION

DES ZÉLATRICES DE LA SAINTE FAMILLE.

———

Je, N..., désirant ardemment travailler au Règne du Sacré-Cœur de Jésus dans mon âme par la vie intérieure, et procurer, autant qu'il dépend de moi, la plus grande gloire de Dieu en me dévouant à l'Œuvre des Catéchismes, je m'engage à suivre de tout mon cœur le Règlement des Zélatrices de la Sainte Famille.

Je promets de m'appliquer par l'oraison, l'examen de conscience, la lecture spirituelle, les sacrements de Pénitence et d'Eucharistie, à la pratique de la vie intérieure; de m'adonner, autant que me le permettront les devoirs de ma situation, à l'instruction religieuse des enfants pauvres par le moyen des Catéchismes, et de contribuer ainsi de tout mon pouvoir à la régénération de la famille chrétienne et au salut de la France.

Daignez, ô Cœur de Jésus, me recevoir par Marie et Joseph au nombre des Zélatrices de la Sainte Famille et bénir la consécration que je vous fais aujourd'hui de tout moi-même.

Ainsi soit-il.

Permis d'imprimer :

Paris le 4 juin 1904.

P. FAGES, *v. g.*

LA LIGUE SAINTE
DU SACRÉ-CŒUR DE JÉSUS
PAR MARIE LIBÉRATRICE.

Association de prêtres pour la liberté
et l'exaltation de la Sainte Eglise.

Dilectis filiis Presbyteris in sancto fœderi sacratissimi Cordis Jesu per Mariam liberatricem conjunctis, propter quæque et salutario a Domino adprecantes, Apostolicam Benedictionem peramanter impertimus.

Ex Ædibus Vaticanis.

Die 5 Martii 1910.

Pius PP. X.

Ce titre, la Ligue Sainte du Sacré-Cœur, n'a rien qui doive surprendre. Il n'est pas nouveau, c'est le nom de l'association commencée à Poitiers aux jours de nos plus affreux désastres, qui a été le point de départ du Vœu national pour l'érection de la basilique du Sacré-Cœur à Montmartre.

La solidité, la beauté des plus magnifiques églises, dans l'ordre providentiel, dépendent des pierres vivantes, pierres précieuses de l'édifice spirituel, comme nous le redisent tant de fois et la Sainte Ecriture et l'Office de la Dédicace de nos églises; vérité plus pressante encore, quand il s'agit de fonder le Sanctuaire et le Saint des Saints, c'est-à-dire la perfection sacerdotale.

Puissent notre union entre nous, notre adhésion parfaite au fondement de l'Eglise universelle, qui est Pierre et ses successeurs, donner plus de prix et de durée à l'ex-voto monumental de la « France repentante et dévouée ! »

La nature de cette Ligue, le but qu'on s'y propose et les moyens pour y arriver, s'expliquent par son nom même : La Sainte Ligue du Sacré-Cœur de Jésus par Marie Libératrice.

I. La Ligue.

Ce n'est pas une œuvre ou congrégation spéciale, mais plutôt un lien commun, propre à resserrer en un seul faisceau les groupes divers de prêtres séculiers, sans exclure les prêtres vivant en communauté, à qui leur Règle donne éminemment ce que nous cherchons par le moyen de ce Règlement.

C'est la Ligue, c'est-à-dire une union plus étroite et militante, entre nous et avec nos chefs hiérarchiques ; non pas seulement la charité et l'obéissance communes, qui doivent relier tous les chrétiens entre eux et avec le Christ, mais cette cohésion parfaite qui ne fait qu'un seul et même corps, d'une immense armée rangée en bataille.

Dans une armée bien ordonnée, en quoi consiste cette union qui rend la déroute impossible ? En deux choses : d'abord la fusion de tant d'âmes dans une seule âme, une volonté unique, l'âme et le souffle de la patrie ; ensuite et encore plus, l'obéissance absolue des soldats à leurs chefs respectifs, de ceux-ci à un seul général en chef, surtout s'il a reçu du ciel les dons nécessaires pour assurer la victoire.

Jésus-Christ, notre Divin Capitaine, a parfaitement constitué son armée, et celui qui la commande est invincible. C'est le Pape ici-bas, investi du privilège de l'infaillibilité et de la perpétuité, *et portæ inferi non prævalebunt* (Matth., XVI, 18) ; du haut du ciel c'est notre Sauveur lui-même et son Divin Esprit, *et regni ejus non erit finis* (Luc, I, 33).

Unissons-nous ! L'union nous est plus nécessaire que jamais. Les plus dangereux sectaires, dans la conspiration antichrétienne, nous le disent à leur manière, si nous voulons l'entendre. Depuis qu'ils croient être les maîtres de tout, ils n'ont plus rien à cœur que de nous diviser. Je ne suis pas surpris que le Divin Maître, annonçant les persécutions à ses disciples, ait mis celle-ci au rang des plus cruelles, « *et cum separaverint vos* » (Luc, VI, 22), vous ayant désunis, ayant réussi à vous isoler, à vous disperser.

Répondons-leur en resserrant notre union, nous tous qui sommes confondus dans la même persécution, prêtres séculiers, prêtres vivant sous une règle plus étroite, religieux de tous les Ordres. Plus le clergé est attaqué, plus il veut se fortifier dans l'unité. « *Vis unita fortior.* » Plus l'autorité sacerdotale, sous le nom de cléricalisme, est battue en brèche, plus nous nous appuierons sur la pierre angulaire, le fondement inébranlable de la foi vive.

Nous sommes à une époque qui rappelle par plus d'un trait le Jeudi Saint, veille de la Passion du Sauveur, la trahison de Judas, la conspiration déicide, l'apostasie du peuple élu, même les défaillances les plus inattendues. Aussi les recommandations dernières, le testament d'amour de notre Maître adoré retentissent au plus profond de nos cœurs. Nous prenons pour mot d'ordre de la Sainte Ligue ces paroles suprêmes qui résument l'admirable discours de la Cène : « *Ut omnes unum sint, sicut tu Pater in me, et ego in te, ut et ipsi in nobis unum sint... Ut sint unum, sicut et nos unum sumus. Ego in eis, et tu in me ; ut sint consummati in unum.* » (Joann., xvii, 21-23.)

II. La Ligue Sainte du Sacré-Cœur.

Quelles divines et mystérieuses paroles !

L'unité entre nous et avec Jésus-Christ, la consommation dans l'unité, au point que notre union dans son Cœur ressemble à l'union ineffable de Jésus-Christ avec son Père ! Ces affirmations et ces promesses nous disent assez que notre Ligue, pour être vraie et sainte, doit tout puiser dans le Cœur Sacré de son Divin Chef.

Le Sacré-Cœur : C'est là que l'arbre plonge ses racines ; soustrait aux influences continuelles du Sacré-Cœur, l'arbre mourrait ; à plus forte raison ne saurait-il produire les fruits que nous désirons, l'humilité, la paix, le renoncement à ce qui est de nous, en un mot la divine charité. Saint Bonaventure, saint François de Sales, tous les saints nous disent leur secret pour aimer le prochain malgré tout et toujours : c'est de ne considérer ce cher prochain qu'à travers la plaie du côté du Sauveur et dans son Sacré-Cœur.

Là est la source jaillissante de l'amour, de la douceur ineffable et de tous les pardons; allons « puiser avec joie aux sources du Sauveur. » Combien de circonstances douloureuses où un bon prêtre aurait besoin d'épancher le trop-plein de son cœur ! Il le peut sans doute quelquefois, dans le cœur d'un confrère directeur ou ami ; mais ce n'est pas assez; un refuge meilleur lui est toujours ouvert : c'est le secret du Saint Tabernacle, dans l'intimité douce et fortifiante des Sacrés-Cœurs de Jésus et de Marie. C'est là, et nulle part ailleurs, qu'il trouvera le moyen d'unir la douceur et la vaillance, les tendresses du cœur et la fermeté invincible de la conscience, la générosité et l'élan du zèle joint à la discrétion, la prudence du serpent et la simplicité de la colombe.

La Ligue Sainte : Elle est sainte en raison de son but, partie considérable et essentielle de la perfection sacerdotale ; à cause du Sacré-Cœur de Jésus-Christ, prêtre éternel, à qui elle est consacrée ; à cause enfin des moyens recommandés, qui sont, entre autres, une soumission absolue aux décisions et directions émanées du Saint-Siège, une tendance à encourager les associations

cléricales que les Souverains Pontifes ont particulièrement bénies.

La Ligue du Sacré-Cœur : La France ne sera
sauvée que si elle place le Sacré-Cœur dans son
blason et ses étendards. Nos rois ne l'ont pas fait,
à la fin du dix-septième siècle et au dix-huitième ;
aussi voyons-nous depuis cent ans leur blanc
étendard honni, déchiré, emporté par l'ouragan
comme une feuille morte. Nos monarchies, empi-
res ou républiques, l'ont encore moins voulu faire
au dix-neuvième siècle ; aussi peut-on voir,
hélas ! leurs drapeaux presque sans nombre,
tapissant les monuments de triomphe des ennemis acharnés de la France.

Ce que les puissants du siècle n'ont point voulu
tenter, nos évêques, princes couronnés dans le
royaume des âmes, l'ont fait et le refont encore.
Puissent l'accomplir après eux tous les prêtres
investis d'un mandat sacré, exerçant une autorité
spirituelle ! C'est de nous surtout qu'il a été dit :
Et « *fecit nos regnum et sacerdotes* » (Apoc., I, 6),
le Christ nous a assuré un royaume avec le sacerdoce. A ce titre, nous arborons hautement l'étendard du Sacré-Cœur ; nous espérons contribuer
pour notre part à son plein triomphe et au salut
de la France.

III. **Par Marie Libératrice.**

Pro libertate et exaltatione Sanctæ Matris Ecclesiæ! Pour la liberté et l'exaltation de la Sainte Eglise notre Mère!

Quelle est la liberté que nous revendiquons, forts de la protection de Marie Libératrice?

C'est la liberté de nos Chefs, selon le degré de leur autorité pastorale et hiérarchique, pour régir le troupeau confié à leur sollicitude; c'est la liberté pleine et entière du Souverain Pontife pour paître les brebis et les agneaux, c'est-à-dire les évêques non moins que les prêtres et les simples fidèles. C'est la liberté pour le troupeau d'entendre ses pasteurs, de les aimer et de les suivre : d'abord, le Vicaire de Jésus-Christ en terre, le Pape actuellement régnant; et aussi tous les Papes, pour ce qui fait loi ou direction générale dans le gouvernement de l'Eglise.

Là où l'Eglise jouit pleinement de cette liberté que son Divin Epoux lui a conquise sur la croix, le clergé tout entier, depuis les diacres et les prêtres jusqu'aux évêques et au Souverain Pontife, c'est la face du Christ, c'est sa tête toujours visible et parfaitement reconnaissable.

« *Protector noster aspice Deus et respice in faciem Christi tui.* » O Dieu notre protecteur, regardez et voyez la face de votre Christ. (Ps. LXXXIII, 10).

L'Eglise, hélas! est-elle libre au milieu de nous? Ne sommes-nous pas assourdis presque tous les jours par les clameurs sauvages des apostats, des mercenaires vendus aux Sociétés secrètes, comme des vainqueurs qui exultent en empoignant leur proie? Les chefs de ceux qui vendent le Christ, les porte-parole de la synagogue de Satan, ne se sont-ils pas assez vantés depuis quelques années de nous avoir à leur discrétion, comme l'oiseleur qui applique sa large main sur la couvée de la colombe? Ils se promettent, en France et hors de France, de rendre l'unique Epouse de Jésus-Christ, l'Eglise catholique notre mère, entièrement esclave.

L'Eglise est-elle libre pour l'éducation chrétienne de l'enfance et de la jeunesse baptisée, pour le choix et la formation des vocations cléricales, pour les tribunaux ecclésiastiques et l'application des lois canoniques, pour les corporations chrétiennes, pour les Ordres religieux? Ce sont même les Ordres le plus hautement approuvés par l'Eglise qui sont le plus calomniés, ruinés, dispersés. Nous voyons de nos yeux la bête qui blasphème, déchaînée dans la vigne du Seigneur, tout bouleverser, tout jeter aux quatre vents. L'Eglise est-elle libre pour réclamer son bien en justice, pour garder en paix les ressources matérielles, même les plus indispensables, pour en appeler aux tribunaux de son pays contre des calomnies incessantes et qui pénètrent partout?

Nous propageons avec bonheur la popularité d'une grande et sainte libératrice de la France, Jeanne d'Arc. Notre pays semble dire qu'il appelle des dévouements libérateurs. Mais l'Eglise, l'oublierons-nous, quand elle appelle ses enfants, ses prêtres surtout pour la délivrer?

Seigneur Jésus, sur l'ordre de notre Père le Souverain Pontife, en union avec Marie Reine et Mère de vos prêtres, chaque jour à la fin du Sacrifice de nos autels, au moment où votre sang rédempteur bouillonne dans notre cœur, nous vous prions pour la liberté et l'exaltation de la Sainte Eglise. Nous avons confiance qu'une telle prière ne sera pas trompée. Marie est avec nous, nous vaincrons avec le secours de Marie Libératrice.

IV. Engagement spécial par lequel on entre dans la Ligue du Sacré-Cœur.

Cet engagement n'est autre que le vœu ou promesse de soumission au Saint-Siège. Il a principalement trois objets : adhésion de foi pure et simple aux actes d'infaillibilité doctrinale des Souverains Pontifes; soumission absolue aux lois canoniques actuellement en vigueur; préparation du cœur pour estimer et aimer les directions et recommandations promulguées par le Pape ou les Congrégations romaines.

Cette promesse a été approuvée et hautement encouragée, il y a plusieurs années, pour l'Association de Saint-Pierre au Brésil, et depuis pour des Associations semblables dans différents pays de la chrétienté.

Chaque nouveau membre, par le fait même de son entrée dans la Ligue, reconnaît et accepte ce pacte fondamental. Quelques mois ou une année après, le nouvel associé prononce publiquement cette même promesse et en fait une sorte de profession.

On est libre, mais on n'est pas obligé d'entendre cet engagement dans le sens d'un vœu proprement dit, c'est-à-dire obligeant sous peine de péché. C'est un secret de conscience de chacun des adhérents, à savoir s'il est lié ou non par l'obligation d'un vœu. Dans l'un et l'autre cas, c'est la loi d'amour et de générosité plutôt que la loi de crainte; c'est comme le serment d'honneur prêté par les volontaires de Saint-Pierre; c'est le mot d'ordre, le signe sacré, le caractère distinctif des braves qui ont donné au Sacré-Cœur, à Marie Libératrice leur parole et leur foi, et ne la reprendront jamais.

Nous sommes ici en plein domaine de la foi; aussi cet engagement embrasse, non seulement les actions, mais encore les pensées et la manière de les exprimer.

Pour les actions, par exemple, empressement à faire passer dans la pratique, pour nous et pour ceux qui dépendent de notre ministère, la double définition dogmatique du Concile œcuménique du Vatican, à savoir, l'infaillibilité doctrinale du Souverain Pontife, et son autorité immédiate dans chaque diocèse du monde catholique.

Ce n'est pas assez et nous voulons aller plus loin. Saint Paul ne nous dit-il pas que cette soumission de foi s'étend jusqu'au cœur, ou plutôt c'est dans le cœur qu'elle s'établit d'abord : « *Corde enim creditur ad justitiam.* » (Rom., x, 10.) Il faut la préparation du cœur; et ce qui est peut-être plus nécessaire, il faut l'étude personnelle ou la docilité à l'égard des meilleurs guides, une lutte persévérante contre l'ignorance, même l'ignorance de parti pris et les préjugés; l'étude des auteurs les plus universellement approuvés dans l'Eglise Catholique : « *Consulat probatos auctores* » comme répondent souvent

les Congrégations romaines ; la science du droit
canonique, de la théologie dogmatique et mo-
rale, de l'ascétisme, puisée aux sources les plus
pures : science indispensable et d'une application quotidienne dans la direction des âmes,
des paroisses, des œuvres, des vocations parfaites. Combien elle se perdrait dans un pays où
les décisions romaines et les plus saines traditions seraient ignorées et même méprisées, où
des saints canonisés, qui ont déployé le plus de
courage et d'habileté pour assurer à l'Eglise sa
liberté, au Saint-Siège de grandes victoires,
seraient rangés tacitement dans la classe des
imprudents, des exagérés !

Les enseignements les plus légitimes et les
plus bienfaisants couleront de là comme d'une
source pure et intarissable. « *Ore autem confessio
fit ad salutem.* Nous éviterons d'être comparés
aux chiens muets qui n'ont pas la force d'aboyer,
au mercenaire jugé aussi coupable que le bandit
et l'assassin, parce qu'il ne fait rien, au moment
du danger, pour sauver le troupeau. Au contraire, les saints Confesseurs, dont nous aimons
à réciter si souvent l'office, nous recevront un
jour dans leurs rangs : « *Confessio fit ad salutem.* » (Rom., x, 10.)

V. Quel est l'ennemi que nous devons combattre?

Dans nos combats spirituels, dans cette guerre que nous n'avons pas allumée, mais pour laquelle nous serrons nos rangs autour du Sacré-Cœur, quand nous parlons d'ennemi, on le comprend, il s'agit moins des personnes que des choses. Fils soumis de l'Eglise catholique et de Marie Reine et Mère de miséricorde, à la suite de notre Divin Chef qui, en mourant sur la croix, pria pour ses bourreaux; nous voudrions, comme saint Paul, tout sacrifier pour nos persécuteurs. C'est même pour les sauver, eux et leurs victimes sans nombre, que nous combattons partout et toujours leur influence néfaste.

Quel est l'ennemi?

C'est celui que les Papes nous dénoncent constamment depuis deux siècles, comme le plus dangereux, le plus perfide, le plus diabolique; l'ennemi dont la puissance croissante et les plans sataniques contraignent aujourd'hui les plus indifférents à ouvrir les yeux; ce sont les Sociétés secrètes.

Quelles sont leurs armes dont l'effet est irrésistible pour les imprudents qui désobéissent à l'Eglise, les flèches empoisonnées qu'ils lancent à profusion, au point d'obscurcir la lumière du jour, la coupe de prostitution présentée à toutes les nations? Ce sont les doctrines de pestilence, avec leurs mille et mille moyens de propagande, livres, revues, journaux, théâtres et représentations de toute sorte. Ce sont les mauvais livres condamnés par la loi de l'Index.

Nous en croyons maintenant à la parole des Papes, qui depuis si longtemps, seuls entre tous, ont tout prévu, tout annoncé ce qui est sous nos yeux. Nous renions ces tristes docteurs qui, se disant plus clairvoyants que les Papes, n'ont rien vu, rien compris, et aujourd'hui peut-être n'ont encore rien appris.

Hommes de Dieu et des âmes, nous devons être le sel de la terre par la pureté des mœurs chrétiennes, la lumière du monde par l'intégrité de la foi vive. Pas de mélange suspect dans ces deux sources de la vie chrétienne pour laquelle on nous dit : mon Père. A ces titres, nous dit un grand Docteur, nous sommes plus obligés que les simples fidèles à embrasser simplement, docilement les prescriptions de l'Index; à les aimer ces lois si nécessaires, autant que nous aimons les ouailles pour lesquelles nous donnerions notre vie. Instruisons-nous, s'il le faut, par l'exemple de nos pires ennemis.

Les francs-maçons s'unissent entre eux par des liens et des serments abominables. Depuis tant d'années et même plusieurs siècles, quels excès honteux d'obéissance aveugle pour n'importe quel commandement, à n'importe quel chef toujours masqué! Quelle centralisation tyrannique, au-dessus de tous les liens de famille, de patrie, de religion, sans jamais rien respecter, sauf les intérêts de la secte! Quelle unité, absorbant en une seule pensée, en une seule volonté irresponsable, des millions de consciences!

Et nous ne pourrions pas nous liguer pour la sainte charité, pour l'obéissance la plus légitime, dans le Cœur de Notre-Seigneur Jésus-Christ! Et on accuserait la Ligue des prêtres du Sacré-Cœur d'être impossible, inopportune, exagérée!

Sans doute, il est plus aisé à notre nature déchue de s'unir pour l'envie que pour le dévouement, pour les passions mauvaises que pour la parfaite abnégation de soi; aussi « les enfants du siècle sont-ils plus avisés dans leurs voies que les enfants de lumière » (Luc, xvi, 8). Mais nous employons les armes que les Souverains Pontifes ne cessent de nous recommander, les armes qui sont en notre pouvoir, que la tyrannie même des Dioclétien et des Julien l'Apostat ne saurait nous ravir. Nous n'employons que des armes loyales : aussi pouvons-nous renvoyer toute honte à la ligue judaïque et déicide. Nous n'avons rien à masquer, ni notre organisation, ni notre but, ni nos chefs aimés et vénérés.

VI. Organisation et direction
de la Ligue du Sacré-Cœur.

Lorsque les premiers associés, fondateurs de la Ligue dans un diocèse, se trouvent en nombre suffisant, ils s'occupent, avec l'autorisation de leur évêque, d'organiser leur association conformément au règlement. Ils commencent par élire, à la pluralité des suffrages, un Président et trois conseillers au moins.

Le Président et son Conseil sont nommés pour trois ou six ans, et ils sont rééligibles.

Dans l'intervalle d'une réélection générale, le Conseil a le pouvoir de se compléter par lui-même, en cas de besoin.

Si l'étendue d'un diocèse et la difficulté des communications le demandaient, on pourrait le partager en deux régions distinctes, ayant chacune son Président et son Conseil. Mais ce ne serait, selon l'esprit de la Ligue, que pour favoriser l'expansion de l'Œuvre, c'est-à-dire l'union de tous dans l'obéissance et la charité.

Cette organisation est essentiellement diocésaine, de telle sorte qu'il n'y ait, à proprement parler, au-dessus d'elle que la sainte hiérarchie de l'Eglise, c'est-à-dire les évêques et le Souverain Pontife. L'autorité conférée par l'élection au

Président et à ses Conseillers ne peut donc s'étendre en dehors de leur diocèse.

Il est à désirer sans aucun doute qu'il y ait, entre les différents foyers de l'Œuvre, une sorte de fraternité servant de base aux communications de diocèse à diocèse, mais sans autre lien général que la fidélité au même règlement; et par-dessus tout, une émulation d'obéissance parfaite aux recommandations de notre Mère, la Sainte Eglise hiérarchique et romaine.

En deux mots, l'organisation de chaque centre diocésain, c'est à peu près l'organisation si simple dans son indépendance, si féconde dans son expansion, des Congrégations de la Sainte Vierge que l'Eglise et les Papes ont tant encouragées ; puis entre les différents diocèses, c'est le présent règlement qui, en raison de sa simplicité même, est pour nous comme une charte de charité, et constitue dans son unité inviolable la Ligue Sainte des prêtres du Sacré-Cœur.

Les attributions du Président et du Conseil ne sont pas difficiles à définir. Le Président ou préfet est en même temps directeur spirituel de l'Association. Mais ce qui rend sa charge incomparablement moins lourde, c'est qu'il s'agit de confrères sur lesquels il peut compter. Par exemple, dans les réunions spéciales de l'Œuvre, s'il ne veut pas faire lui-même l'instruction ou exhortation publique, il lui est loisible d'inviter un autre prêtre, séculier ou régulier, à prendre la parole.

C'est le Président qui dirige les réunions proprement dites de la Ligue et celles du Conseil. Dans le cas de partage égal des voix pour une question soumise aux délibérations du Conseil, le vote du Président compte pour deux.

L'admission des nouveaux membres de la Ligue doit être soumise au Conseil; mais on comprend qu'il n'y aura pas lieu généralement à grande délibération. La sollicitude du Président et des Conseillers aura pour objet le maintien de l'esprit propre de la Ligue par l'observation du Règlement. En règle générale, ils auront moins à considérer tel défaut à corriger que le mal à empêcher. Si pourtant il fallait redresser quelque tort, on ne le fera qu'en observant exactement l'ordre prescrit par Notre-Seigneur lui-même pour avertir un de nos frères. Le précepte évangélique est bien assez parfait pour ce qui est de la charité, et on ne s'engage à rien de plus sur ce point en entrant dans notre Ligue.

La demande d'admission de la part d'un prêtre du diocèse indique suffisamment qu'il promet de se conformer à ce Règlement. C'est au moins un engagement d'honneur et de fidélité à la parole donnée, une dette de charité et de bon exemple envers les confrères. L'agrégation sera définitive lorsque, après un laps de temps déterminé, ordinairement une année, le Postulant aura été admis par le Conseil à prononcer devant les Associés : 1° la formule de consécration au Sacré-Cœur de Jésus par le Cœur Immaculé de Marie ; 2° la promesse de soumission au Saint-Siège et de dévouement à Saint Pierre.

Les réunions des membres de la Ligue sont de deux sortes : 1° les réunions restreintes et facultatives, 2° les réunions nécessaires et plus générales ; les premières plus fréquentes et même mensuelles, les secondes n'ayant lieu communément que deux fois dans l'année.

Les réunions mensuelles étant facultatives, on évite avec soin qu'elles fassent double emploi et soient en concurrence avec les réunions d'une œuvre de sanctification sacerdotale déjà existante dans le même diocèse. Au contraire, les prêtres de la Ligue profitent volontiers d'une de ces œuvres, s'ils en font partie, pour se rencontrer plus fréquemment. Pour ne citer qu'un exemple, ils sont heureux de donner leur concours et un plus grand élan à l'œuvre de la retraite du mois, comme à tant d'autres œuvres que nous ne saurions énumérer ici, mais que l'on peut toujours apprécier d'après les fruits qu'elles produisent et les approbations dont elles ont été favorisées.

Les réunions générales sont indispensables, on le comprend, pour entretenir et propager la vitalité de la Ligue. Les religieux, pratiquant éminemment ce que nous essayons d'observer dans cette Association, n'en seront point exclus. Mais aussi personne ne pourra profiter de ces rencontres, même avec les meilleures intentions, pour recommander une œuvre ou une affiliation particulière ; à plus forte raison est-il interdit de proposer quoi que ce soit en opposition avec un point du Règlement. Si cette ingérence fâcheuse se présentait, on ne discutera même pas ce qui est proposé. Nous n'oublierons jamais que la force de la Ligue du Sacré-Cœur gît principalement dans la simplicité des rouages qui forment son organisation. Dieu nous garde de blâmer ce qui serait plus et mieux, mais ici le mieux serait l'ennemi du bien.

VII. Indépendance de la Ligue à l'égard de toute autre Association.

Cet article de notre Règlement, si simple en apparence, est un des plus délicats dans son application et des plus importants dans la pratique, pourvu qu'on l'entende comme il faut.

Nous sommes loin de propager, est-il nécessaire de le dire, cette indépendance qui donne la main à l'indifférence, et d'où naissent trop facilement, dans des rencontres fâcheuses mais inévitables, les malentendus, les froissements, puis une antipathie raisonnée et même une hostilité ouverte. Que le Divin Cœur de notre commun Chef et Marie notre Libératrice nous préservent de ces malheurs ! De tels excès sont le contrepied de notre Ligue; ils n'iraient à rien moins qu'à la ruiner dans ses fondements, et même à en faire une ligue des ennemis du Sacré-Cœur.

Il s'agit de placer notre Œuvre elle-même en dehors de tout lien d'affiliation, d'agrégation, de sujétion quelconque, autre que la dépendance nécessaire envers les supérieurs hiérarchiques d'un prêtre séculier. Mais on est loin de détourner nos Associés de contracter individuellement quelque lien semblable. Bien au contraire, ce point du règlement est destiné à sauvegarder la liberté de chacun pour l'œuvre sacerdotale de son choix.

Mais combien d'autres motifs en faveur de cette règle ! Il est évident que, pour rendre la Ligue du Sacré-Cœur efficace et solide, il faut que le lien suprême de cette sainte union soit le même pour tous. De quel droit proposerions-nous à la multitude de nos confrères un autre lien commun que celui que l'Eglise et les Saintes Ecritures leur recommandent avant toutes choses : d'abord l'obéissance parfaite au Vicaire de Jésus-Christ, ensuite et par-dessus tout la charité, qui est le lien de la perfection. « *Super omnia autem hæc, charitatem habete, quod est vinculum perfectionis.* » (Coloss., III, 14.)

Nous nous proposons, nous ne le cachons pas, d'apporter notre concours fraternel pour que les liens d'union que Jésus-Christ lui-même a mis entre ses représentants ici-bas obtiennent leur plein effet; pour que la multitude des prêtres n'ait qu'un cœur et qu'une âme, le Cœur de Jésus notre Divin Maître, et l'âme ou l'esprit de l'Eglise catholique romaine. Donc nous voulons atteindre le plus grand nombre possible de prêtres dévoués à la défense de l'Eglise.

Voilà pourquoi ce Règlement n'impose aucune observance ou pratique de surérogation; pourquoi notre Association ne se charge, en règle générale, d'aucune autre œuvre, surtout de celles qui deviendraient facilement encombrantes, ainsi une affiliation de femmes pieuses; pourquoi enfin nous ne faisons aucun vœu dont l'obligation s'étende au delà des devoirs de tout prêtre ayant charge d'âmes.

Il est bon et c'est le plus pur esprit de l'Eglise, que notre Ligue reste sincèrement ouverte du côté des vocations plus parfaites. Parmi des prêtres qui se lient plus étroitement au Sacré-Cœur, il peut arriver que quelques-uns entendent un appel plus fort de générosité et d'amour. Là encore nous respectons la variété; « l'Esprit souffle où il veut. » L'Eglise en approuvant la diversité des Ordres et Communautés ou Collégiales, fondés sous l'inspiration du Saint-Esprit, en fait sa riche parure. « *Circumamicta varietatibus* » (Psalm. XLIV, 15). La Ligue du Sacré-Cœur, bien loin d'exclure cette variété, prend le moyen le plus sûr pour l'embrasser dans une union parfaite, sans s'exposer à rompre du même coup sa propre unité.

VIII. Règlement de chaque Associé.

Tout pour la paix et l'union! Mais la paix que Jésus-Christ seul sait donner, l'union dans son Divin Cœur. Pour un prêtre, le sommet de l'union avec le Cœur de Notre-Seigneur Jésus-Christ c'est la célébration du Saint Sacrifice de la Messe. Notre Règlement exige donc avant tout les conditions pour offrir dignement et chaque jour le redoutable sacrifice de nos autels.

Dans les premiers siècles, pour soutenir vaillamment la longue guerre de trois cents ans de persécution, pour convertir tout un monde païen, l'Eglise, formant alors comme un corps d'élite et toujours sous les armes, voulait que tout chrétien baptisé et non séparé par la pénitence publique fût prêt à communier chaque fois qu'il assistait aux saints Mystères, pût même emporter avec lui pour communier plus souvent les parcelles eucharistiques.

Dans ce dernier âge où nous sommes, pour des temps qui ressemblent si fort aux siècles de persécution générale et de transformation sociale d'un monde païen, l'Eglise toujours assistée du Saint-Esprit a fait prévaloir l'usage à peu près universel de la messe quotidienne pour les prêtres. Il convenait qu'il en fût ainsi, car tout l'effort de la grande persécution actuelle est d'abord et surtout contre la tribu sacerdotale.

Quelles sont les conditions, quelle est la préparation désirable pour emporter chaque jour du saint autel ce que nous devons y recueillir?

On peut ramener ces dispositions à trois principales; ce sont les trois points fondamentaux du règlement personnel de chaque Associé.

1° La fidélité constante aux devoirs d'état : par exemple, concernant la récitation du saint Office, l'emploi du temps, la chasteté parfaite, le dévouement aux âmes.

2° La pratique quotidienne de la prière mentale.

Saint Liguori, si modéré dans ses affirmations, veut qu'elle soit d'une demi-heure.

3° Le combat soutenu et efficace contre toute habitude défectueuse.

Ces deux derniers points, pour ne rien laisser dans le vague, en réclament trois autres, sans lesquels le combat spirituel serait plein de défaillance et d'illusion.

4° Un sérieux examen de conscience chaque jour.

5° Le recours humble et loyal à la direction de conscience. Il serait trop périlleux que les directeurs des consciences, des œuvres, des paroisses, chargés de responsabilités écrasantes, fussent eux-mêmes sans direction. « *Væ soli!* Malheur à celui qui est seul. » (Eccl., iv, 10.)

6° Chaque année les exercices spirituels de la retraite ou, par exception, ce qui peut y suppléer d'une manière suffisante.

Ajoutons enfin, pour nous assurer la toute-puissante et toute miséricordieuse médiation de Marie Libératrice auprès du Sacré-Cœur de son Divin Fils :

7° La récitation quotidienne du chapelet. Nous savons combien S. S. Léon XIII a recommandé cette dévotion à tous les fidèles. Humbles serviteurs de l'Immaculée Conception de Lourdes, nous voulons que le chapelet soit le doux lien de notre sainte croisade.

A cette intention, nous récitons chaque jour la première dizaine du chapelet en union avec les Confrères de la Sainte Ligue, la deuxième dans une intention de réparation et d'amende honorable.

Ces sept articles, on le comprend, sont le strict nécessaire sans lequel la tiédeur nous gagnerait et détruirait toute union dans le Cœur de Jésus.

Ajoutons, avec les autorités les plus irréfragables, que ce minimum serait certainement insuffisant pour tout prêtre ayant charge d'âmes ; encore plus pour celui qui doit habituellement juger et diriger les consciences au tribunal de la pénitence. De là la nécessité d'un règlement particulier ; de là pour plusieurs, le besoin de s'appuyer sur quelque œuvre plus complète de sanctification sacerdotale. Puissent ces œuvres si utiles trouver dans notre Ligue une préparation plus accessible à tous, une sorte de séminaire où l'on commence à chercher quelque chose de plus parfait ! « *Ignis vero nunquam dicit : sufficit* (Prov., xxx, 16). Le feu sacré du Cœur de Jésus redit sans cesse : Encore plus ! »

IX. Dévotions recommandées aux Associés.

Nous mettons au premier rang dans nos cœurs

les dévotions qui nous redisent le mieux le dernier mot de la Ligue pour la liberté de l'Eglise.

Entre tous les Saints, nous choisissons pour protecteurs Saint Pierre et Saint Jean : Saint Pierre, à cause de notre promesse d'obéissance et de dévouement au Saint-Siège ; Saint Jean, le fils privilégié de Marie, l'apôtre du Sacré-Cœur et de la charité. Le culte de cet apôtre bien-aimé doit être très opportun, puisque les pires apostats de notre temps l'ont discerné entre tous pour lui vouer une haine spéciale.

Nous nous mettrons avant tout sous la protection de Marie Libératrice des chrétiens. Nous sommes une ligue de sainte union, et elle est mère, la mère de la belle dilection. C'est autour d'elle que la multitude des premiers chrétiens à Jérusalem ne formait qu'un cœur et qu'une âme. Nous sommes la Ligue du Sacré-Cœur, et Marie est médiatrice universelle entre nous pauvres pécheurs et son Divin Fils ; on ne pénètre bien à l'intime du Cœur de Jésus qu'en passant par le Cœur transpercé de Marie. Notre Ligue enfin veut défendre la liberté de l'Eglise, et Marie est libératrice par excellence ; elle est la Vierge immaculée qui « seule a écrasé toutes les hérésies dans le monde entier. »

Nous sommes loin d'oublier Saint Joseph, Patron universel de l'Eglise catholique ; le modèle et le protecteur du prêtre dans le secret de l'oraison, au tribunal de la pénitence, au Saint Autel; son meilleur auxiliaire auprès des enfants, des mourants, des vierges, en un mot de toutes les âmes.

Toutes ces dévotions, disons-le, ne sont encore qu'une préparation, pour que nous devenions moins indignes d'être appelés la Ligue Sainte du Sacré-Cœur. Nous faisons profession publique d'appartenir tout entiers à la Divine Eucharistie, et par elle au Sacré-Cœur de Jésus-Christ.

Pauvre prêtre inconnu d'une humble église presque abandonnée, je possède dans le tabernacle de mon béni sanctuaire, mieux que l'arche sainte, les deux tables de la loi de charité où tout est écrit, la divine Hostie et le Sacré-Cœur. Oui, le Cœur de mon Rédempteur est vivant; il est là, intercédant pour nous, brûlant d'amour pour les pécheurs. C'est à cet autel que je renouvelle chaque matin les grands mystères : mystère de foi, ou l'union incompréhensible de l'homme avec son Dieu; mystère de paix, ou la communion de tous les hommes et surtout de tous les prêtres en l'unité de Jésus-Christ. Là, face à face avec le Corps adorable et le précieux Sang, je prie pour la paix et la charité parfaite dans l'Eglise entière, et seulement après le baiser de paix, après la prière et les souhaits de paix, j'ose dire en me communiant : « Que le Corps, que le Sang de Notre-Seigneur Jésus-Christ garde mon âme pour la vie éternelle. »

Toutes ces dévotions ont pour nous un caractère commun, celui de l'expiation et de la réparation. Pourrait-il en être autrement? Si on veut regarder un peu au fond des choses, on verra que presque tout est réparation dans notre Règlement : l'union plus étroite des prêtres pour reconquérir la liberté de l'Eglise, la promesse publique d'obéissance au Saint-Siège, la lutte incessante contre les Sociétés secrètes et leurs moyens d'action, contre les livres et les enseignements condamnés par l'Eglise. Pour combien de familles, de paroisses, de diocèses et même de nations ne sont-ce pas autant de sujets d'expiation, de pénitence, de réparation !

Sans parler du passé, des attentats sacrilèges sur tous ces points à la fois, à l'heure présente, la dette de réparation expiatrice ne s'accroît-elle pas tous les jours? Et pendant ce temps, l'esprit de pénitence, même la simple intelligence de la loi de pénitence chrétienne, va se perdant de plus en plus.

Il nous faut des prêtres réparateurs ! Les Saints Apôtres, les martyrs des premiers siècles de l'Eglise furent des saints fondateurs. Après tant d'ingratitudes, de sacrilèges et d'apostasies chez

les peuples chrétiens, il faut à la fin des temps
des prêtres, des saints, des martyrs réparateurs,
se soutenant mutuellement par les liens de la
plus pure charité. Combien de tombeaux, hélas!
de nos saints fondateurs, ces vrais pères des
nations chrétiennes, ont été méprisés, profanés,
et les saintes reliques jetées au vent! Voilà pourquoi les racines de la patrie ont séché, la vie se
retire, des nations entières chancellent et suc-
combent.

Il faut des prêtres réparateurs. Déjà leur caractère sacré, nous dit Saint Paul (Hebr., v, 1 et 3),
« les établit avec charge d'offrir des sacrifices
pour les péchés,... soit pour eux-mêmes, soit
pour tout le peuple. » Mais ce n'est pas assez
pour une époque de défection presque générale.
Il nous faut des prêtres, des saints dont on
puisse dire comme au temps de Noé et du grand
châtiment, ainsi que nous le lisons dans l'Office
des Pontifes : « *Ecce sacerdos magnus qui in die-
bus suis placuit Deo, et inventus est justus : et in
tempore iracundiæ factus est reconciliatio.* Voilà
le prêtre vraiment grand ; aux jours de son pèlerinage il a plu au Seigneur et il a été trouvé
juste : aussi dans des temps de colère céleste,
c'est en lui que s'est faite la réconciliation. »

Sans la réparation, impossible de saisir, dans
sa vérité plus intime, la raison d'être de cette

Ligue, comme aussi de toute dévotion envers le Sacré-Cœur. Concluons donc en répétant les grandes paroles par lesquelles Notre-Seigneur demandait l'établissement de la fête de son Divin Cœur : « Voilà ce Cœur qui ne reçoit de la plupart que des ingratitudes..... dans ce Sacrement d'amour. Mais ce qui m'est encore plus sensible, c'est que ce sont des cœurs qui me sont consacrés qui en usent ainsi... » C'est alors que le Divin Maître fixe le jour où l'on fera la fête de son Cœur, « en lui faisant réparation d'honneur par une amende honorable, pour réparer les indignités qu'il a reçues pendant le temps qu'il a été exposé sur les autels. »

<hr>

IMPRIMATUR

Fr. ALBERTUS LEPIDI O. P.
S. P. Ap. Mag.

IMPRIMATUR
JOSEPH CEPPETELLI
Patriarcha Constantin. Vicegerens.

TABLE DES MATIÈRES

Paris. — Imp. Levé, rue Cassette, 17. — S.